陈春花 —— 著

朗润日记
北大国发院印记

暖花开系列

机械工业出版社
China Machine Press

图书在版编目（CIP）数据

朗润日记：北大国发院印记 / 陈春花著 . -- 北京：机械工业出版社，2022.3
ISBN 978-7-111-70342-6

Ⅰ. ①朗… Ⅱ. ①陈… Ⅲ. ①商业管理 - 文集 Ⅳ. ① F712-53

中国版本图书馆 CIP 数据核字（2022）第 043082 号

朗润日记：北大国发院印记

出版发行：机械工业出版社（北京市西城区百万庄大街 22 号　邮政编码：100037）	
摄　　影：曹　毅	版式设计：杨宇梅
责任编辑：华　蕾　王　芹	责任校对：殷　虹
印　　刷：北京瑞禾彩色印刷有限公司	版　　次：2022 年 4 月第 1 版第 1 次印刷
开　　本：170mm×230mm　1/16	印　　张：21.5
书　　号：ISBN 978-7-111-70342-6	定　　价：89.00 元

客服电话：（010）88361066　88379833　68326294　　投稿热线：（010）88379007
华章网站：www.hzbook.com　　　　　　　　　　　　　读者信箱：hzjg@hzbook.com

版权所有 • 侵权必究
封底无防伪标均为盗版

松风水月未足比其清华　仙露明珠讵能方其朗润

春

夏

秋

― 冬 ―

朗润日记 | 推荐序
Langrunyuan Diary

  陈春花老师是北京大学国家发展研究院（简称北大国发院或国发院）广受学生爱戴的名师，也是广受企业家尊敬的管理学家。她追踪研究中国企业二十多年，取得了丰硕的成果。她的共生理论得到了学界和业界的认可，她的管理学著作成为许多企业管理者的必读之书。陈老师加入国发院的时间不长，却为国发院做出了巨大贡献。她使国发院的商学教育扎根于中国的企业实践，为学生们引进业界导师，在课程设置时更加注重理论与中国现实的结合。在她的领导下，国发院 BiMBA 商学院以小而美的姿态成为中国商学教育界一道亮丽的风景。

  从国发院的前身中国经济研究中心（以下简称中心）开始，国发院就与朗润园联系在一起。中心于 1994 年成立，1996 年搬入朗润园，2008 年改名为国家发展研究院。随后，国发院进入发展的快车道，人员规模快速增长，许多老师和员工不得不在北大校园的其他临时办公场所办公。2021 年 9 月，国发院终于搬入期待已久的承泽园校区。与朗润园相伴 25 年，这座古典园林已经在每一位国发院的老师、员工和同学心里留下了不可磨灭的印记。她是朗润学子的精神家园，她是国发院精神的象征。

陈春花老师的《朗润日记》以春、夏、秋、冬为主题，记载了她在朗润园的教学和科研活动。她寓情于景，通过朗润园里的风景和人物阐释她的管理学思想，别具一格。我读过陈老师的许多著作，每次读都是一种享受。她的文字轻盈，像微风细雨，滋润人心。朗润园本来是庄重的，在她的笔下变得妩媚、风物动人。

受陈老师的影响，我填词一首，作为这篇小序的结尾：

清平乐·朗润园

松风水月，朗润春不辍。玉兰婆娑枝似雪，黛瓦红椽小院。

思古可比鹅湖[一]，往来总有鸿儒。四海莘莘学子，勤勤问道蓝图。

姚洋

北京大学国家发展研究院院长

2022年1月8日

[一] 鹅湖指鹅湖之会。南宋淳熙二年（1175），朱熹与陆九龄、陆九渊兄弟在鹅湖寺（江西上饶铅山县境内）会面，就各自的理学理论展开辩论。朱熹强调格物致知，即通过对外物的考察来启发人的内心良知；陆氏兄弟则主张"发明本心"，反对读书穷理。这是中国儒学发展史上影响深远的一次会面。日后王阳明沿着陆九渊的进路，创立"阳明心学"，实现儒学对佛教的吸收。

朗润日记
Langrunyuan Diary | 目录

推荐序

入院 ················· 001
　石平桥 ················· 003
　绿漆铜环门 ············· 004

第一庭院 ············· 009
　楹联一 ················· 011
　中所宫门三间 ··········· 013
　月亮门 ················· 016

第二庭院 ············· 022
　石碑一 ················· 025
　致福轩会议室 ··········· 028
　梧桐 ··················· 030
　石墩 ··················· 033
　墙门 ··················· 036

第三庭院 ············· 041
　致福轩教室 ············· 043
　长幅一 ················· 046
　二乔 ··················· 050
　楹联二 ················· 053

长幅二 ················· 064

第四庭院 ············· 067
　捐赠墙 ················· 069
　游廊 ··················· 074
　办公室 ················· 077
　会议室 ················· 080

第五庭院 ············· 085
　石碑二 ················· 089
　万众广场 ··············· 091
　后院 ··················· 093
　万一 ··················· 096
　万二 ··················· 102
　万三 ··················· 107
　回廊一 ················· 112

第六庭院 ············· 118
　手印砖 ················· 121
　灰瓦 ··················· 125
　红枫树 ················· 129
　回廊二 ················· 131

XV

朗润湖 ⋯⋯⋯⋯⋯⋯⋯⋯ 137
　"季荷"池边 ⋯⋯⋯⋯⋯ 142
　小亭 ⋯⋯⋯⋯⋯⋯⋯⋯ 146
　迎客石 ⋯⋯⋯⋯⋯⋯⋯ 150
　湖心岛 ⋯⋯⋯⋯⋯⋯⋯ 156

四季 ⋯⋯⋯⋯⋯⋯⋯⋯⋯ 159
春 ⋯⋯⋯⋯⋯⋯⋯⋯⋯⋯ 161
　迎春花 ⋯⋯⋯⋯⋯⋯⋯ 171
　桃花 ⋯⋯⋯⋯⋯⋯⋯⋯ 175
　玉兰花 ⋯⋯⋯⋯⋯⋯⋯ 184
　西府海棠 ⋯⋯⋯⋯⋯⋯ 191
　牡丹 ⋯⋯⋯⋯⋯⋯⋯⋯ 197
　紫荆 ⋯⋯⋯⋯⋯⋯⋯⋯ 201
　春风 ⋯⋯⋯⋯⋯⋯⋯⋯ 203
夏 ⋯⋯⋯⋯⋯⋯⋯⋯⋯⋯ 207
　荷花 ⋯⋯⋯⋯⋯⋯⋯⋯ 211
　石榴花 ⋯⋯⋯⋯⋯⋯⋯ 216
　玉簪 ⋯⋯⋯⋯⋯⋯⋯⋯ 220
　夏雨 ⋯⋯⋯⋯⋯⋯⋯⋯ 225

秋 ⋯⋯⋯⋯⋯⋯⋯⋯⋯⋯ 229
　紫薇 ⋯⋯⋯⋯⋯⋯⋯⋯ 235
　银杏 ⋯⋯⋯⋯⋯⋯⋯⋯ 238
　金柳 ⋯⋯⋯⋯⋯⋯⋯⋯ 244
　秋光 ⋯⋯⋯⋯⋯⋯⋯⋯ 251
冬 ⋯⋯⋯⋯⋯⋯⋯⋯⋯⋯ 257
　蜡梅 ⋯⋯⋯⋯⋯⋯⋯⋯ 263
　梅花 ⋯⋯⋯⋯⋯⋯⋯⋯ 268
　冬雪 ⋯⋯⋯⋯⋯⋯⋯⋯ 272

承泽园 ⋯⋯⋯⋯⋯⋯⋯⋯ 279
　敞轩 ⋯⋯⋯⋯⋯⋯⋯⋯ 284
　五孔桥 ⋯⋯⋯⋯⋯⋯⋯ 291
　两株古树 ⋯⋯⋯⋯⋯⋯ 294
　发树楼 ⋯⋯⋯⋯⋯⋯⋯ 299
　永好楼 ⋯⋯⋯⋯⋯⋯⋯ 303
　腾讯楼 ⋯⋯⋯⋯⋯⋯⋯ 307
　格林丽荣楼 ⋯⋯⋯⋯⋯ 311

云端 ⋯⋯⋯⋯⋯⋯⋯⋯⋯ 318

致谢 ⋯⋯⋯⋯⋯⋯⋯⋯⋯ 327

入院

朗润园

北依万泉河，对面为圆明三园之一的绮春园，南与未名湖相呼应，朗润湖环绕。

初为圆明园附园，清朝嘉庆时期，被赐给庆僖亲王永璘，旧称"春和园"。

咸丰二年（1852）左右改赐恭亲王奕䜣，始名"朗润园"。

咸丰皇帝亲临为之题写"朗润园"匾额。

光绪二十四年（1898），奕䜣去世，这里成了军机处办公地址之一。

后来，隆裕皇太后赐贝勒载涛。

1920年由燕京大学购入。

1952年随燕京大学并入北京大学。

1995年，东所划归中国经济研究中心使用，1997年中国经济研究中心迁入。

2001年，季羡林先生题字"朗润园"。

石平桥

走入北大校园,来到未名湖北,犹入皇家园林,一座小石桥架在蜿蜒的湖水之上,按照路牌指示,过了小桥就是朗润园,北京大学国家发展研究院的所在地了。

如果不是姚洋老师的邀请,我走不到这座古朴的小石桥上。通过杨壮老师推荐,姚老师找到我,为了让我了解国发院,他耐心地用了近两年的时间,与我沟通并达成共识。朗润园就这样悄悄潜入我的内心。在我将要完成一个工作阶段时,姚老师建议,不妨到朗润园做一次讲座,也顺便看看园子,感受一下国发院的氛围,于是,我接受邀请来到这里。

我的确没有想到,国发院是在一个古建园林——朗润园里。朗润园四周湖水环绕。桥的一边,湖中满是荷花,岸边有整齐的垂柳,远处另一座拱桥倒映湖面。桥的另一边,是蜿蜒的湖水,一棵高大的柳树守护在桥边。湖水延伸出去,便是开阔的湖面。恰好一缕阳光斜射了下来,树梢和湖面仿佛涂了一层金色,使得夹在其中的石桥更显沉稳。

我常常感叹于中国的园林设计,融于自然又透着意境,以奇妙的逻辑将人与自然贯通在一个设计空间里。踏上小桥的第一缕思绪,竟然让我联想到,将要见到的该是伟大的"设计师们"。正是他们,把抽象的理论概念嵌入现实问题,并给出可行的解决方案。从其工作的本质和功能来看,他们在纷繁复杂的世界中守护着人的意义,专注于专业贡献,设计规划出更具价值的发展空间。想到这儿,我开始渴望见到他们,期待倾听、交流,去体会并追随"设计"的某种力量,将抽象的知识变成更广阔的天地。

走过这座石桥,在一间普通的教室里分享自己的研究报告。那些与中国改革开放息息相关、早已家喻户晓的人,这一刻都齐聚于此。围绕着报告的对话与争鸣,让我如同身处希腊雅典历史悠久的 agora⊖——人们在这里交换并检验彼此的观点,寻求理想与人性的光辉。

这里该是我心目中的应许之地:每个人所仰仗的是敬畏责任的专业研究、慷慨宽厚的价值观。作为一名学者,我渴望与欣赏富有启发的见解和勇往直前的探索精神,朗润园因这些学者所散发的气息给了我一种归属感、认同感。虽然探索的路很长,但对知识力量的确信,对家国情怀的尊崇,以及对新的、未知领域的想象交织在一起,犹如这个美丽的园子,令人沉浸于憧憬,流连忘返,我就这样被打动了。

绿漆铜环门

朗润园的入口,是四合院特有的宅门,坐北朝南,独特之处是进门可看到绿漆铜环门。

⊖ 阿哥拉(希腊语 Αγορά),原意为市集,泛指古希腊及古罗马城市中经济、社交、文化的中心。

入院 005

这道绿漆铜环门后对望的致福轩，曾为晚清内阁、军机处议事之场所。清末官制改革之丙午改制，正是当年亲王大臣们于此而议。洋务运动的推行，"同治中兴"的出现，朗润园主人虽几起几落，甚至落得无所作为，但随后经由"经世致用之观念复活"、维新派变法图强的努力，最终，历史进程由社会改良转向了革命，开启了觉醒时代，北京大学也走到了历史舞台的前列。

历史的发展总是伴随着一次次急剧的变革，也总是伴随着一代又一代人的光耀和黯淡。透过一道绿漆铜环门，窥见的不仅仅是时光，还有为时光镀上使命的担当者之魂。胡大源老师最爱引用那句名言"历史不会重复自己，但会押着同样的韵脚"。很显然，我们仍处于变革之中，连接、颠覆、迭代、跨界、共生等新意识不断涌现，更重要的是，"新世界""新人类"正在崛起。

很多时候，我们受困于现实的实质是无法贯穿过去与未来。技术带来的影响怎样描述都不为过，我们甚至无法想象可见的未来，更不用说遥不可及的未来。在这种情况下，当一个又一个个体与时代的命运碰撞在一起，看似弱小的个体却以其强烈的意志构建着人类一次又一次全新的旅程。

在这个未来已来的新世界里，新的、重大的问题会以什么方式出现，会在何处出现，迈入这道绿漆铜环门的人们，如前人般担负起探求答案的责任。新世界及其世界观、社会结构、运行机制、认知边界、生活空间以

及教育与福祉等,都在重构与重组之中。当技术与知识成为真正的支配性资源、决定性生产要素时,我们身处其中,需要找到属于自己的未来之路。令人担心的是,也许我们还停留在已经被技术和知识抛在身后的那个时代里。摆脱现实的困境,需要我们自己搭建起一座桥,由源头走到现实,并明晰未来的意义,正如你跨过这道绿漆铜环门,便获得了过去与未来之间的贯穿感一般。

有意思的是,问同事才知,这道紧闭的绿漆铜环门亦可为照壁墙。按照习俗,照壁墙是针对屋外气流冲煞而设置的,其作用是阻挡来自房屋大门外的强烈气流对内部的冲击,保存屋内生气。虽未能证实这个说法是否正确,但我却愿意认同其寓意。

变革一直在冲撞之中推动,变革也一直需要内在的生气。基于价值观与认知的不同,变革中所形成的二元对立,需要有一堵"照壁墙",能承接外部的强烈气流,也能保有内部的生气,用一种接纳与包容的姿态,让二者找到共存的方式。

第一庭院

从绿漆铜环门进来看到的院子，我称为第一庭院。由中所宫门三间和东配房五间构成，院内有一排银杏树，还有柳树，其间放置藤桌藤椅、石桌石凳各一套。

1994年，"中心诸学子，秉承北大爱国、进步、民主、科学之传统，愿舍身名山，作育英才，探索救世济民之道"。[一]1995年，"重修朗润园致福轩，凡正屋楼阁、轩房廊屋共一二九间，与致福轩回廊曲径相通"。[二]在修缮一新的建筑之上，朗润园已经做好被赋形的准备，随后的20多年，朗润园的学者们开启了"中国第六代知识分子时代"。

林毅夫老师认为："第一代知识分子是在鸦片战争之后、甲午战争之前推动洋务运动的那代人，包括曾国藩、左宗棠、李鸿章等人。以康有为、梁启超为代表的，企图在中国建立君主立宪制的近代维新派，以及以孙中山、黄兴为代表的，力求建立美式总统制的资产阶级革命派，属第二代知识分子，他们亦为民族振兴付出了巨大代价。新文化运动的那一代知识分子认为中国要强盛，不仅需要洋枪大炮，要模仿西方的体制，还要有西方的精神，陈独秀、李大钊、胡适是第三代知识分子的代表。五四运动揭开了马克思主义在中国传播的序幕，年轻人被新的思想所吸引，形成了一批具有初步共产主义觉悟的先进知识分子，这就是以毛泽东、瞿秋白、邓中夏为代表的第四代那批人。第五代知识分子应该是新中国成立之初考上大学、毕业后投身社会主义建设的那批人，他们为国

[一][二] 摘自林毅夫的《万众苑记》。

家的繁荣发展付出了巨大努力，功不可没。""前五代知识分子为了中华民族的伟大复兴进行了各种努力和尝试，为国家发展做出了巨大贡献。但我认为最幸运的是我们第六代知识分子，就是1979年后进入大学、毕业后投身改革开放的那批人，因为我们经历了我国社会经济的巨大发展和国际地位的显著提高。"㊀

带着第六代知识分子的责任，这个院子具有独特而敏锐的专业主义风格，交织着富有家国情怀的北大精神典范。无论是构建中国与世界对话的话语体系，还是建造面向中国实践的理论体系，抑或是开启与真实世界话题的共情，在日复一日的探究中，回归纷繁芜杂的现实，沉静而安处责任之中。这份安静，使我走入第一庭院便瞬间禅定。

楹联一

走进第一庭院，第一眼便可看到中所宫门前的楹联，上书：

欲揽青天千古月

合催甘雨五湖春

这出自北大中文系袁行霈教授之手。看到楹联时，感念其宏伟之抱负、润万物之情怀，应该是对后来者的期盼。

㊀ 关于第六代知识分子的话题，是我与林毅夫老师交流时他的阐述，我被深深触动。

总是有人问我:"你从事的是管理研究与管理教育,为什么那么痴迷于实践呢?"我通常回答道:"这两个世界要融合在一起。"走在校园里,人们常常喜欢的是那份远离喧嚣的宁静,那种与外部世界的距离感,自由而独立的思考。但是,这仅仅是一个表象,宁静、距离感与思考所要达成的,恰恰是回归到喧嚣世界中,与真实世界进行深层次的、"涅槃再生式"的融合,一种由内而外对现实意义的重新审视与创造。

诗人说:"新人类积极投身于构建现在,在此基础上塑造未来。这不单是效率的问题，尽管人力的释放和利用，意味着在创造新的项目中充分发挥人类的智慧。"人，总是要成为"新人类"中的一员，只有身在其中，才能切身感受到自我不时跳动的脉搏，变成了对现在、未来的召唤，本能地觉得有责任去研究问题并释放价值。

学者们身居研究之林，熟知如何穿越理论丛林找到一条通往美好世界的新路。不被表象所迷惑，敏感于变化，却用旁观者的视角来审视，不断叩开未知的大门，客观而理性地寻求答案，让理论在真实世界中得以验证。

只有将教学研究融合在实践中，才会看到其生发而出的变化，才可聚合出无限的可能。朗润园的熏陶更让我确信，两个世界的融合方有"九天揽月"与"润生万物"的可能。今天，你可以看到这种融合正在各个领域蓬勃展开，那些已经投身于融合之中的学者，则看到了理论的光辉。姚洋老师对国发院这样评价："立足现实研究现实问题，再回归学术，形成系统性的观察和研究，从而引领改革话题，是国发院最核心的优势所在。"

中所宫门三间

按图索骥，我把第一庭院的正中三间房称为中所宫门三间。

设计师说，对设计，最好的解释是"创造性地解决问题"（creative problem solving）。我喜欢此解释。约瑟夫·熊彼特（Joseph Schumpeter）

阐述创新时用了一个比喻："你不管把多大数量的驿路马车或邮车连续相加，也绝不能得到一条铁路。"[一]铁路是一种全新的设计，也诠释了熊彼特对创新的定义。创新可以简单定义为建立一种新的生产函数，即"生产要素的重新组合"。他明确地提出了自己的观点："从发展趋势上看，自由市场经济会不断通过创造和破坏来重获生机，每一次大规模的创新都会淘汰旧的技术和生产体系，并建立起新的生产体系。"我也按照设计和创新的定义去理解，当年林毅夫、海闻、周其仁、张维迎、易纲、张帆、余明德等学者设立中国经济研究中心时，正是创造性地重新组合要素去解决问题。

有时，我会选择中所宫门的线路进院，只为体会穿越朗润园的感觉。中所宫门的三间房，贯穿于绿漆铜环门与致福轩之间，跨越一重一重门槛，很有点岁月迁移的味道。多次经过之后，我才慢慢将建筑空间与要素组合两者联系起来，才真正意识到两者间的联系是如此的一目了然。它们就这样自然而然地融合在一起。奕䜣改革没有成功，其内因是并未真正组合新的时代要素。正如熊彼特所说的那样，并不是驿路马车的所有者去修建铁路，铁路恰恰是对驿路马车的否定。所以，新组合意味着淘汰，意味着打破原有的组合方式，采用不同要素与条件的新组合，诞生出全新的物种，甚至意味着价值重构与颠覆。

虽然很难脱离时代背景去谈论变革和创新，但我依然认为，那些真正的创新一定是冲破了自我局限，在新的视野与要素下重获生机的。很多时

[一] 约瑟夫·熊彼特. 经济发展理论 [M]. 郭武军，吕阳，译. 北京：华夏出版社，2015.

候,人们总是希望能够找到一种方式,可以不放弃已有的东西而重获新生。事实是,不肯放弃的东西恰恰让处境岌岌可危,并削弱了新生的机会。跳出熟悉的舒适区,放弃一些东西,接纳新要素,正是熊彼特所明确的企业家职责。

这个院子的创始教授们放弃待在已有的舒适区,从零开始构建一个全新的研究中心;随之而至的学者们同样选择了超越自我之途。在我眼里,他们亦是真正的企业家,是实现了某种"新组合"的名副其实的企业家——拥有时代赋予的情怀、脚踏实地的素养、面向全球的视野与读懂中国的睿智。你可以说这里是最全球化的,也可以说这里是最本土化的。

院子在静谧中透着组合之味,红窗灰瓦,柔和的色调和时光质地交错,既安抚亦激励。宫玉振老师曾说:"在人心浮躁的今天,朗润园却在执着坚守着千百年中国士人的那份价值与尊严。"胡大源、梁能和杨壮几位老师在创设 BiMBA 初期制定的 16 字办学方针——"北大传统,中国特色,国际接轨,世界一流",意味着为这里的商界学子铸就思想、灵魂与创新精神。马浩老师更是感叹:"世界真是奇妙。在这个经济学家主导的院子里,还有我们这些自称管理学人的'另类奇葩'。当然,也有人口学家、政治学家、环境学家、跨界杂家,以及各类不属于经济学界的经济学家。"

历史与创新融合在一起,不禁让我想起一位陶瓷家伯纳德·利奇,他曾说,他出生于一种"古老文化",这种"古老文化"奠定了他的艺术理念。"在土地深处,文化的根源仍在流淌,它在智性之外,赋予作品形式、模式和色彩。"有人反驳他的观点，认为这样桎梏了创新的可能性。但正是这位英国陶瓷家，从20世纪初在日本黏土艺术聚会上的顿悟中，生发出一种新的陶器工艺，秉承着克制、实用、和谐的理念，构建了"标准器皿"。

古老的文化，融合而滋养着今天的生活，在一个雕刻时光的地方，传递出生命中创造力的丰盈。颠覆和超越的魅力，不在于打破，而在于建造，不为失去悲歌，而为新生欢笑，在寻找美丽与生命的意义之中，更新了历史，超越了平凡。

月亮门

一座灰砖砌成的月亮门把两个院子组合在一起。

月亮门又称月洞门或月门，是中国古典园林与大型住宅中在院墙上开设的圆弧形洞门，因圆形如月而得名，既作为院与院之间的出入通道，又可透过门洞引入另一侧的景观，兼具实用性与装饰性。月亮门两侧的墙体通常刷成粉白色，门的边缘处留有灰色的装饰边，下部做平，上部则设计有点明意境的横向匾额。

这应该是修复朗润园时的设计，一到毕业季，从拱门开始，通道两旁摆放着老师对学生的寄语，延展至长廊远处，仿佛目送学生远行。一个再普通不过的通道，因这个小小的月亮门，有了传奇的韵味。

人生是一场关于传奇的旅行，人生因创造而充满了无限的可能，人生的意义也因无限创造而呈现了出来。毕业季，人生传奇拉开序幕。

这一季总是充满着快乐，兴高采烈的毕业生、幸福洋溢的毕业生家长、慈爱祥和的毕业生师长，每个人都在享受着毕业季的幸福。

传奇的人生之旅充满了未知与可能。梦想与行动，知识与思考，读书人与书卷气，独立判断与独到见解，可以让拥有更多知识储备的你创造美好与贡献价值。

一座校园、一种文化、一个瞬间与一个人的关系，是个体生命与时代特征的双重痕迹。此刻，与毕业生在一起，一股内在的动力慢慢升腾起来，昭示着生命的庄严与顽强。

总是在这一季，才深深地意识到校园与学生的一体化关系。目之所及，空气包裹着你，雨也无法阻挡飞扬的学位帽，你于如此辽阔之中有了心灵的归属。远在华南理工，红墙绿瓦的12号楼、平和秀美的西湖、斑驳的百步梯，更远在新加坡国立大学，云冠的雨树、橙蓝色气球覆盖的上空、象征着"知识之光"的权杖，近在北京大学，未名湖畔、博雅塔下，被唤醒的五四觉悟，在不自觉中塑造着你的气质、性格与命运。

这样，大学赋予了你一个瞬间，能够对这个瞬间所包含的形式与世界的关联进行思考，你就能够因此而汇入未来的无限可能之中。

对未知的理解，其实是对生命和时间的把握，它是生命对自身存在的一种认知，只要你去拥抱未知，就是在拥抱生命。

喜欢书卷气的你，喜欢激情与热忱的你，喜欢你带着学校的印记，带着对未知的欣喜，也带着老师与家长的凝视，更带着昂扬的斗志，去缔造属于你的时代传奇。

传奇上路[一]

每一处的存在，
原只为这一刻的惊喜。
你的充盈，盛夏灼热的光，
伞冠的雨树，淋漓斑驳着细碎，
纵使漂洋过海，
肯特岗的夜，传灯的光，
依然点亮在
你的心海，

[一] 这首诗是为庆祝新加坡国立大学商学院EMBA23班毕业所作。

默默而温暖。

何处有波的冲荡,
何处就有静的岛屿;
何处有风的飘摇,
何处就有花的芬芳;
何处见鹰的翱翔,
何处就有天的辽阔;
何处觅得露的踪迹,
何处就有灵的苏醒。

铺满晨曦的径,
让焦躁的世界
有了一个安歇之途;
缀着星光的窗,
让不安的心
有了一个纯粹之境。

548 天的寻找,
带着渴望与不甘,
一任繁华与荒芜的现实,
窒息着宁静,日复一日,

重拾了
那一抹学子的余晖。

该感谢这殿堂，
驱散迷茫的雾，
催生心底留存的善与梦想；
该感恩这相遇，
欢乐周遭的事，
重逢时光雕刻的爱与美好。

548天的交集，
让任何暗淡的日子，
都变得无与伦比的华美。
此刻，力的源泉，
融化了心的柔美，
注定嵌于你的行踪，
一如初逢时的
年轻，
走在传奇路上。

第二庭院

第二庭院由致福轩、梧桐树和回廊组成。梧桐巨大树冠的光影几乎填满了这个院子。

大部分的时间里，这里安静而空明，很适合止语沉思，叩问自心。

在组织管理研究中，有关领导者的作用一直是最核心的话题。难的不是对于领导者作用的认识，而是领导者的自我管理。对于领导者来说，巨大的责任意识以及因此而拥有的权力，使得他们不断强化个人的重要性，这一情愫甚至会贯穿他们的一生。

相较责任而言，强化了的个人意志并没有什么不妥，但是如果领导者自己没有真正地敬畏生命，有可能会导致另外一种情形出现，责任成为强化个人意志的借口。历史上人类所蒙受的人为灾难恰恰源于此。所以，领导者的自我约束极为重要。

企业成长的问题本质上是管理者态度的问题。是愿意主动带领员工拥抱变化，还是停留在惯性优势、惯性模式、惯性取得的成绩当中？是追求企业自身利益最大化，还是愿意为社会福祉贡献价值？这要求领导者明确做出选择，并为此让自身做出改变。实践证明，当成长速度超过环境变化速度时，企业能够用一种新模式去解决遇到的新问题，那么眼前的危机就能成为开辟未来的机遇；当成长所贡献的价值不局限于企业自身时，企业能够用利他与共生的模式去帮助更多的社会成员，那么持续发展的可能性就会呈现出来。

我们发现，那些愿意主动承担企业社会责任的领导者，会拥有更强的化解危机的能力。因为在危机当中，整个社会遇到的挑战都非常大，如果此时领导者愿意主动去承担企业的社会责任，会取得显著成效。因为当领导者愿意承担企业社会责任时，整个组织成员的向心力和认同感会非常强。

稻盛和夫认为"企业的规模不会比领导者的器量大太多"。一位优秀的企业领导者需要拥有以下几种品德："仁""义""诚实""公平公正""勇气"，只有这样才可能把企业做大。在他看来，领导者只有从"利己"的欲望中解脱出来，以"利他"之心实现员工物质和精神两方面的幸福，才能带领企业获得成长。稻盛和夫归纳了优秀领导者应具备的五种资质：具备使命感，明确地描述并实现目标，不断地挑战新事物，能够获取集团所有人的信任和尊敬，抱有关爱之心。

稻盛和夫在88岁高龄之际写就了一本以"心"为主题的图书。这本书围绕他一贯关注的核心观点展开，即"作为人，何谓正确"。这本书也可以理解为稻盛先生向世人发出的郑重嘱托，他特意为这本书的中文版发布会录制了一段语音，向广大中国读者致意。他说：

> 在我长达80多年的人生中，有多次这样的经验，这些经验说明，自己的心灵变得纯洁美好，就会带来卓越的成果。与此同时，我也认识到了，纯化、美化心灵就是人生最大的目的。在人生中，只要抑制欲望，抑制自己的私利私欲，为

了社会、为了世人倾注自己全部的心力，持续不断地努力，那么，在长期的岁月中，人的心灵就会得到净化，就会变得纯洁美好。

他多年来不断告诫自己，领导者心性的磨炼需要依靠自身，"敬天爱人"就是他的心性之选。

以敬畏之心守护责任、守护生命，需要领导者常常内省，于喧嚣之处安住自心。朗润园既是一个学习知识的地方，也是一个能够让人止语沉静的地方。如果我们更多地倾听，更多地观察，更多地思考，更多地学习，不轻易妄言，就不会觉得自己特别重要、特别强大，而谦卑、恭敬之心也就会自然生长起来。

在此摘抄一段《传习录》中的对话：

> 先生曰："何以见之？"对曰："先生譬如泰山在前，有不知仰者，须是无目人。"先生曰："泰山不如平地大，平地有何可见？"

石碑一

位于致福轩门前的石碑，是侯仁之先生与考古系张辛教授合撰的《重修朗润园记》，全文如下：

朗润园原名春和园，清嘉庆年间为乾隆帝第十七子庆亲王永璘之赐园，故又俗称庆王园。道光末年㊀转赐恭亲王奕䜣，始称朗润园。光绪廿四年奕䜣去世，朗润园收归内务府。此时慈禧太后常居颐和园垂帘听政。朗润园一度成为内阁军机处及诸大臣议事之所。一九一一年㊁清帝逊位，朗润园仍属皇室所有，旋赏与醇亲王奕譞第七子载涛为私邸。二十年代初，燕京大学建校，征得此园，充教员住宅。据《春和园地盘画样全图》与《样式雷图籍》载，朗润园主要建筑分中、东、西三所，早期共有大小房屋一百五十余间，游廊亭阁等数十间。咸丰二年，奕䜣曾大事修缮和增建，时全园大小房屋达二百三十七间，游廊七十七间，是足见斯园当日之辉煌。物换星移，风雨百年，而今园内东所与方亭等诸多建置已荡然无存。但主体建筑虽年久失修，椽桷圮损，丹艧剥落，然大体风貌依旧。嘉庆帝当年御匾致福轩、恭亲王题壶天小镜匾及张凯等人书法藏之高阁，神采宛然。为保护历史文化遗产，缓解北京大学办公用房紧张状况，承上级有关单位批准，由中国经济研究中心筹资，于一九九五年十月至一九九七年五月对斯园主体建筑进行全面修缮，共修复中所宫门三间，东配房五间一进，正房五间二进，抱厦殿五间及抱厦三间，耳

㊀ 实际是咸丰二年左右转赐恭王府。
㊁ 清帝逊位时间为1912年2月12日。

房五间,游廊二十二间,方亭一座,计千余平方。材石坚致,丹刻富丽,有加于昔焉。会其费为三百余万元,适有香港名士钱果丰、利国伟、曹其锋等慷慨捐助,共襄此盛事,诚义举也。然则斯园之用甚益于公务,而非若寻常之为观游之计也。既作为以吸引海外经济学者回国工作、发展中国经济研究与教学为宗旨之中国经济研究中心之办公场所而发挥其经世致用之志,不亦宜乎?

公元一九九七年五月廿五日 侯仁之、张辛撰、张辛并书

致福轩会议室

穿过中所宫门三间,会看到朗润园最具代表性的建筑——致福轩会议室。

这里曾是军机大臣们商议国事之处,也是推动变革议事之地。不过于我而言,这里有一点点特殊,因为它连接了一段"善"的缘分。不知道这是不是致福轩最短的正式会议:姚老师介绍国发院不到20分钟,陈发树董事长便决定捐赠,支持学者们研究中国问题,推动社会进步。

在过去10多年与发树先生的合作中,我总是感动于他的公益之心,感慨于他的高效决策,感恩于他对教育的钟爱。当我来国发院工作之后,便邀请发树先生来朗润园看看,于是也就有了致福轩的这次短暂而意义深远的交流会。随后,他的善举也开启了与北大的一段佳话,我唯有用文字来记录。

丙申年春深，北京大学一百一十八周年庆日，陈发树先生携四子，以善爱之举，与国发院百余俊杰，齐聚于朗润园，筑民族复兴之梦，兹待于未来，为有壮志，是为记。

春深庭阔，未名湖畔，细雨润田；大树参天，浩然朗朗；百年树人，英杰辈出；光阴变幻，风云激荡，从未旁顾；时代更迭，风骨恒久，从未蹉跎；万千挑战，勉尽其责，从未退却；民智之开，自强之行，知行合一；兼容并包，追求真理。勇往直前，以达其志，牺牲并有，煎熬淳化，以文化人，惟成北大。

抱定宗旨，育成人格；理性良知，佳话萌发，砥砺德行，师高学厚，一百余年，因其包容，铸就传奇。今日善举，亦此发端；广纳英才，罗网众学，根植中国，再现传奇。

大学之力，惟其常新；五四之动，新之发端；前辈承之，后人继之，如泣如歌，砥砺前行，坚韧执着，标新立异，虚心求证，究竟涅槃；与师同境，与真同行。

大学之魂，惟其担当；北大之义，牺牲之义，何其浩然；一八九八，民族危亡，新学之路，民运相系，振臂高呼，大义在肩，使命必达。学之兴旺，国之昌盛，民之动力。

独然屹立，惟此精神；自由坦荡，惟此思想。历千万祀，天壤同久；亦无盲从，亦无轻弃，亦无屈服，亦无张扬。默默无语，蕴含决心，内嵌执着，以示勇毅；为大学者，为良师友，长歌绕空，以忘其苦。诚惶诚恐，殚精竭虑，彼此呵护，教学相长，皆为成就，脱离桎梏。

朗润春秋，达梦之地；学子炽热，指点江山；自强不息，祈愿永光。社会贤达，以善而成；此生有此，皆已丰盛。青春如初，百卉萌动；德义再发，皆得了悟；今日之功，非为已往，非为现在，专为未来。感念同仁，鸿鹄之志，毕生尽力，博学敦行，遂安自心。

斯文小记，散韵不齐，骈律不工。只期略志时情、时感。备以存念之际，一并叩谢发树先生倾力而为，北大及国发院首肯相诺，诸位师友谦逊同行。相信今日会达成：深厚久远之影响，穿越时空之光芒，刻骨铭心之境界，发于内心之自信！

梧桐

致福轩门前有一棵参天梧桐大树，同事说，这棵树看尽了朗润园的时代更迭。

这棵树几乎是我镜头中必取之景，如若朋友到访、合作伙伴交流、校友回访，我都会带他们来到树前合影。对一棵

第二庭院

树的偏爱，这算是极致了。

独爱这棵梧桐，因为它几乎是赫尔曼·黑塞《树木的礼赞》的实景呈现。第一次阅读《树木的礼赞》时，立即就想将它背下来，因我也如作者一般：

> 更钦佩那遗世独立的单株。它们就像孤绝之士——不是基于某种心态而遁世的隐者，而是卓然不群的伟人，就像贝多芬或尼采。世界在树梢上喧嚣，根干深入无穷的地底，未曾迷失其中，奋起一切力量，坚持着一个生命目标：按着各自与生俱来的律则去实践、呈现自己独特的体态，成就自我。世界上再也没有其他造物，比一棵美好强壮的大树更神圣、更足以作为典范。

树在我内心里是"认知生命的原始法则"。三星堆出土的通天神树，帕特农神庙之侧的神圣橄榄树，庄子无用之用的大树，每每与它们相遇，用心聆听，你不再觊觎变成别人，你只需要长成自己的样子，或是细瘦的树，或是参天的树。"这正是一个人的原乡，是他的福分。"

站在这棵梧桐前，我也会联想到孔庙、孔府中的古树，虽经历风雨，却盎然挺拔。奎文阁后面的东侧，有一棵奇特的桧树，相传因乾隆抚摸过而显出龙纹。大成门旁的"先师手植桧"，相传为孔子亲手所栽，由于战火和自然原因多次枯死，然而又多次萌生。现在所见是清雍正年间复生长成的，距今已近 300 年。孔府后花园中有"五柏抱槐"的奇树，一棵古老的柏树派生出五个分支，内中包含一株槐树，其内在的生命力，为世所罕见。每一棵大树都雕刻风雨，都见证着沧桑变迁，却又都安处当下。

我一直希望在日常生活中能够傍在一棵孤独的大树旁，如果是一棵古树那就更完美了。想不到的是，朗润园让我的愿望成真。致福轩前的这棵大树不仅参天，不仅孤傲，而且见证了朝代更迭。更让人惊喜的是，这是一棵梧桐树，每仰望其树冠，总想着庄子自喻的凤鸟鹓鶵："夫鹓鶵发于南海，而飞于北海，非梧桐不止，非练实不食，非醴泉不饮。"这该是凤鸟栖息的那棵梧桐吧。

石墩

发现石墩还是源于曹毅的摄影，然后看到它就在第二庭院那里。

也许是致福轩门前的石墩守护着满院的安宁。深冬时节，院墙边的花开，与梧桐对话，让春露出淡淡的喜悦。

不同领域的学术对话，围绕着经济增长、中西经济发展模式、影响持续发展的相关因素等话题的探讨，总会让人如沐春风。

2007 年诺贝尔经济学奖得主埃里克·马斯金（Eric Maskin）教授探讨了"公私合营与政府支出限制"的话题。他认为，公共产品，政府应该参

与，私营机构也应该参与，因为私营机构更专业。但是要关注，公共产品在运营期成本存在不确定性的前提下，省级政府可以运用适当的补贴承诺来激励私营机构去投资社会收益大于项目自身收益的项目，如果直接用政府采购的话，做不到这一点。

2006年诺贝尔经济学奖得主埃德蒙·菲尔普斯（Edmund S. Phelps）教授探讨了"中西两种经济体的抉择"话题。这其实是个哲学问题。他认为工作体验的提升将会到来，资源分配是好经济体的充分条件，但不是必要条件。今天需要好的经济体，好的经济是能够带来高质量生活的经济，他称之为"美好经济"。在他看来，美好经济会带来美好生活，美好经济会带来高质量的工作。他对高质量生活的定义是：有意义的工作、一定程度的主动性、自我表达、开发自己的技能与展示才能的强烈欲望。他对好的经济的定义是激发创新、企业家精神与包容性增长。因此，他认为迄今为止的中国经济大致做到了这一点，这是有别于西方主流发展模式的另一种模式。

姚洋教授探讨了经济增长的基础要素问题。在他看来，高增长是个小概率事件，所以我们应该学会面对今天的情形。他对中国经济的增长潜力依然充满信心。他认为，成功是相似的，因为必须把要做的事情都做到才会成功。下面几点就是经济成功的一些基础要素：高储蓄、高收入；工业化、制造业发达；保障教育与健康；经济稳定、政治稳定。中国是一个巨型国家。所有国家都有经济周期，他认为中国的经济周期通常在七年左右，而目前中国经济处于七年周期的最底部。供给侧结构性改革应该集中在如下两点：第一点，改变地方政府的融资方式；第二点，国有企业改革。供给侧结构性改革与需求管理应该结合起来。

何志毅教授则从软实力视角探讨了经济增长的问题，他认为，全球化中经济强大很重要，软实力更重要，文化认同更重要，教育更重要。

这是国发院与新华都商学院主办的诺贝尔奖经济学家中国峰会，在英国脱欧公投的时间点，思考中国经济与区域经济的创新发展。在不确定性的环境下，获得可持续发展的驱动力量是创新与创造。峰会在昆明召开。来到云南，我想到最多的有三个：具有企业家精神的褚时健，具有创意的杨丽萍，一个融合最多少数民族的省份。在我看来，企业家精神，创意与创造，融合与开放，也是我们获得经济增长、迎接挑战的三个关键要素。

墙门

第二庭院东面院墙中间有一扇门，通过这扇门就来到了第四庭院。这是一面墙，既是护院墙，也是朗润园的中轴线，墙中开了一扇门，将第二庭院与第四庭院连为一体。我很喜欢这个设计，打开一扇门，超越了墙本身，也让两个独立的庭院融为一体。

被邀请去做MBA同学亚沙赛[一]的出征演讲，我决定为大家的出征鼓

[一] 亚太地区商学院沙漠挑战赛。

劲时，想到的就是这扇门。因为它，我知道自己要为 MBA 的同学们讲什么。

亚沙赛有它独特的魅力，而且我知道国发院亚沙队实力非常强，这也是每次我都比较放心的原因。因为这支队伍的实力、专业性，以及同学们的投入度，比赛总是捷报频传。我觉得除了同学们自身过硬的能力，也与周密的组织、全情的投入，以及更多人的付出息息相关。高忠坤一直是推动亚沙赛的核心，每一届队长和组委会都全力以赴，现在张志敏也加入并成为核心赞助商，还有更多人参与支持。此时，我决定把自己对这扇门的联想与大家分享。

这扇门让我想到，超越自我是个人的一种选择。这种相对艰苦的运动是比较有挑战的，虽然它不完全是极限运动，但是对所有参与的同学来讲也是超越了自己的极限。亚沙赛中，每一位参与其中的同学都有了对自己内在极限挑战的认知，这是我想对参加亚沙赛的同学表达敬意的地方，因为你们真的是在超越自己。

这扇门让我想到，你可以将自我延伸到一个全新空间。我对运动一直有着一种向往，这种向往不是因为自己的运动能力强弱，而是运动有一些其他东西不能替代的作用，比如，运动可以唤起内在本能。你并不知道你的内在本能有多强，但当你投入运动时，本能就会被唤醒，这种被唤醒的本能对每个人都帮助巨大。人类有很多能力，人可以依靠其中最重要的两种能力面对所有的挑战，一种是心智，另一种是本能。依靠心智，你会发现很多困难可以被克服；依靠本能，你会发现很多不可能的东西会变成可能。人类的强大正是因为那份心智和本能，所以有人形容说，人最强的地方就是学习力，而这份学习力源于他的心智和本能。

在教育观上，我深受三个人的影响：泰戈尔、卢梭和怀特海。卢梭有一本教育经典著作《爱弥儿》，他借爱弥儿的口讲述：自然与运动，一直是教育中最重要的老师。如果你可以唤醒运动和体能，你就已经在寻求教育的过程中了，教育是更本能的，更加可以推动你释放潜力的过程。

这扇门也让我想到，个人应与团队、环境融为一体。我对亚沙赛、戈壁赛给予这么高的关注，并且鼓励大家去参与，是因为这两个项目都有一个共同特点：必须依靠团队。借助于团队，你可以把自己历练得非常好，让自己认识到个体的局限性以及团队的强大。其实，管理者最需要历练的是成为团队成员而不是成为团队管理者，即能在团队中充当一名合格的成员，这是非常关键的。如果不能在团队中充当合格的成员，你也无法成为一个真正的领导者。走入团队中，你才能够把你的创造力、智慧等释放到一个前所未有的高度，这个高度是由团队加持的，有了团队的帮助，你才能达成。

在戈壁赛道上，我深深地体会到如何去当一个"被管理者"。在团队中，你首先要做好自己，成为一名好的团队成员。只有在做好自己的前提下，且能够帮助别人，你才有机会成为一名好的团队管理者。亚沙赛提供了重要的历练机会，能使我们理解团队的重要性。大漠之中的真实感受会

让你知道，在团队的帮助下，你的能力超乎你的想象。

我从不担心学生们在亚沙赛上的成绩，在我看来，能够走上赛道就是成功。因为在这个过程中，你懂得了超越自我极限，你将自己延伸至一个全新的空间，你与环境融为一体，并有机会训练自己成为团队中一名优秀的成员，在此基础上，你会成为一名优秀的管理者。

第三庭院

第三庭院坐落在朗润园西北处，南面是致福轩教室，北面是302办公室，东西为回廊和院墙，这里有两株玉兰树和"朗润"楹联，是朗润园最核心之地。

因为第三庭院的独特之处，班级开课、结课仪式通常会在这里举行。这也让我有机会与学生们探讨如何学习的话题。

学会在课程中学习。我常常对学生说：学习是对自我的教育。通过学习，你会发现自己，发现自己的才能，发现自己的内在品质，发现自己独特的魅力。通过学习，你会不断培养和发展自己的天赋、才智和精神，让自己可以有厚实的基础，去迎接未来人生路上所遭遇的种种挑战和困难。通过学习，你会不断挖掘和发现自己的潜能、追求和内在驱动力，让自己可以有坚实的基础，去把握未来人生路上所遇到的种种机会和可能。

学会在阅读中学习。阅读可以沉淀我们的气质。第一次到台湾，学生问我最想看什么，我说想去看诚品书店。身在书店中，被安静而平和的氛围所感动。那里就是有"书"的味道，在那里或买书或看书的人，都带着一种书所呈现出来的淡定气质。

学会自我变化与自我成长的方式。这个方式就是不断地学习、理解和运用知识。你要找到自我变化的方式，帮助自己成长起来。一位同学告诉我："对于一个人的成长来说，最美妙的事莫过于随着企业的边界被逐渐打破，听到自己那种经历万千后破裂而出的声音。"另一位同学对我说：

"企业的寒冬，是对核心团队意志、品质最大的考验，我们哪怕跪下，也不能倒下，因为方向对了，时间会给出最终答案。"

学会向环境学习。今天的我们正处在科技与人文的十字路口，"跨界"已然成为创新的关键变量。当看到昆曲与大数据，中国传统文化与新兴科技这两个看似完全不相关的行业运用"跨界"思维实现了完美的融合和逆袭的时候，我心生欢喜。我喜欢这样的创新，但我更深刻地理解到，承担责任、科技向善需要成为成长的基本假设。

学习就是一个不断尝试、不断打破自我的过程。每一种途径的学习都带给我们自我学习成长的机会。我与同学们一样幸运，能够因为管理知识的学习、研究和实践，找到驱动进步的力量。管理不仅关乎组织的绩效，更关乎个人的成长，甚至可以让我们自己的生活变得更加美好。

致福轩教室

致福轩教室是在修复朗润园时紧邻致福轩会议室拓展而成的，它背靠着致福轩会议室，面向第三庭院。

这个结构设计令人惊喜：融合与建构，也是我对我们与伦敦大学学院（UCL）MBA项目的看法。对这个项目的理解，我还藏着一个暗自开心的理由，那就是我所喜欢的泰戈尔曾就读于伦敦大学学院。

泰戈尔是个乐观主义者,他认为世界是朝着绝对的善发展的。他对生活的挚爱以及对死亡超乎寻常的认识,通过无私善行的实践与无限者的活动,以获得宇宙生命或道德生命。这些都深深地影响了我。他说:

> 生活在完全的善中就是在无限中证悟了人生,这就是最全面、最深刻的人生观,也就是我们通过内在的道德力量所能具有的对整个人生的看法。佛陀的教义是要把这种道德力量修炼至最高程度,要懂得我们的行动范围不应束缚于狭小的自我领域内。

> 当佛陀沉思使人类从痛苦的束缚中解脱的途径时,他已经达到了这种真理,即当人类通过把个别融合于普遍而获得最

高的目标时,人类就从痛苦的束缚中解脱出来。

泰戈尔教会我从一切处去体会个体和整体的联系。

泰戈尔给我另一个深刻的影响是对教育的理解。"教育的主要目的不在于解释意义,而在于去敲那心的门。"他是这样说的,也是这样做的。我内心中总会浮现出泰戈尔和他创办的大学:他向父亲讨要到一块地,开办了教育中心,甚至不惜贡献自己获得的诺贝尔奖奖金,到处行乞,只为把学生培养成他期待的样子。"孩子们在这儿欢快地奔跑、爬树,清脆的笑声在天空回荡……见此情景,我觉得他们得到了极其珍贵的东西。"这极其珍贵的东西,就是儿童叩开了"爱"的心门。

是啊,拥有知识的人要更加懂得爱,懂得对生命的爱、对生命的敬畏,这是人类趋于和谐美好的根本之道。我以泰戈尔的思想去理解教育,教育的目的应当是向人类传送生命的气息。

泰戈尔对佛陀推崇备至,其思想基调是印度古代从《梨俱吠陀》一直到奥义书和吠檀多的类似泛神论的思想,但是他的思想又不同于传统的印度哲学,季羡林如此评价他,泰戈尔把重点放在"人"上面,主张人固然需要神,神也需要人,甚至认为只有在人中才能见到神。泰戈尔以"人"为中心的价值取向,或许在 UCL 的学习中被再度强化。

我曾以游客的身份拜访牛津与 UCL。走进牛津,安静与喧哗集于一身的感觉很奇特。牛津镇上的步行商业街人头攒动,最有意思的是中西旅游团的差异：中国来的是儿童游学团，我们在短短的两个小时里就遇到五个团；外国团却全是爷爷奶奶辈的游客，这个反差真是很大。离开步行街走进各个学院、图书馆，牛津严谨而端庄的一面呈现了出来，这是我喜欢的牛津的样子。

走进 UCL，望向黄昏阳光洒落在罗马式石柱上的瞬间，我恍惚走入了柏拉图的圣殿，也因其在市中心，又有点苏格拉底在广场辩论之感，这独特的感受属于 UCL，还是让我有点惊讶。当我了解了这所大学的历史，又觉得这感受亦属正常。UCL 可以说是启蒙思想的产物，随着工业革命的深入发展，英国对科学的需求急剧增加，大学纷纷建立，同时，平等思想也在进一步地传播。在这样的时代大背景下，1826 年伦敦第一所大学 UCL 创办，摒弃了教会学校的陈规旧制，倡导理性主义与教育平权。这些创校的精神，不知道对泰戈尔有多大的影响呢？

当我们和 UCL 合作 MBA 项目之后，我一直希望能再去一次 UCL，跳出游客的旁观立场，重新去领略这所大学的理性主义、多样性和共同进步的精髓。

长幅一

致福轩教室悬挂着一条长幅，临摹的是《白石神君碑》其中的一段：

经国序民,莫急于礼。礼有五经,莫重于祭。祭有二义,或祈或报。

报以章德,祈以弭害。古先哲王,类帝禋宗。望于山川,遍于群神。

在王贤青和张彤的帮助下,得知是清代书法家吴熙载的作品。《白石神君碑》表述的是祭祀祈祷之意,人们把对风调雨顺的渴望,幻化为对山川的祭拜,对人格化的山神、龙神的崇拜,期待山川能兴云致雨、滋养万物。

凝望长幅，会联想到鲁迅先生说的"中国人至今未脱原始思想"。先人在对人与自然的关系进行思考与解答时，认为人与自然是浑然一体的关系。老子在《道德经》第二十五章说：

> 有物混成，先天地生。寂兮寥兮，独立不改，周行而不殆，可以为天下母。吾不知其名，强字之曰"道"，强为之名曰"大"。大曰逝，逝曰远，远曰反。故道大，天大，地大，人亦大。域中有四大，而人居其一焉。人法地，地法天，天法道，道法自然。㊀

钱穆先生在《中国文化特质》中说：

> 天地和合是一大生命，道是生命进程，在其进程中，演化出人类小生命。在人类生命中，又演化出中国人。所以说，中国一人，天下一家。

中国传统文化将"天人合一"的整体意识强化，并形成了整体把握世界的思维方式。英国学者李约瑟曾指出："中国思想之思维方式为并联思考。"张世英先生更是从中西哲学的对比角度探讨这一主题，指出：

> 人和世界的关系分为两类：一类是主客二分，一类是天人合一。第一类，人把世界当作我使用的对象，世界是为我所服务的，人和世界处于彼此外在的关系之中。第二种，这里

㊀ 陈鼓应. 老子今注今译[M]. 北京：商务印书馆，2003.

的"天"指自然，人与世界浑然一体，完全融合。西方哲学在历史上占主导地位的是第一种：主客关系，就是我是主体，外界的关系是客体，强调的是主体性、自由，叫作主体性哲学。中国哲学是长期以"天人合一，万物一体"为主导的。

在张世英先生看来，"世界哲学对主客体的认识也分了三个阶段，即从浑然一体的、原始的天人合一到主客二分，再到高级的天人合一"。"中国传统提倡尊重自然，强调天人合一，自有高远的境界"。

在2018年北京大学主办的"世界哲学大会"上，张世英先生在做以上主题发言时特别指出："网络世界有两个特点，既强调自我的自由、独立，又强调万物一体，所以它是一种后主客二分式的天人合一，我觉得这是中国思想文化走向未来的一个光明的前景。"

我的导师苏东水先生则将沉淀千年的中国思想文化注入当代管理学的科研与应用中，提出"以人为本，以德为先，人为为人"的"东学"核心理念，率先融合东西方管理理论并提炼创新，逐渐建成了东方管理学的一套完整体系，开创了东方管理学派。

亨利·伯格森（Henri L. Bergson）说："现在并不多于过去，结果早已存在于动因。"我之所以有机会探讨组织管理的协同共生论，同样是因为内在秉性里所积淀的"整体性思维方式"。我并不知道这长幅为什么会悬挂在致福轩教室里，但我情愿把它理解为一个隐喻。

二乔

有一种玉兰因为花瓣由两色构成，故名"二乔"。302办公室的门前有两株茂盛的玉兰树，这两株玉兰的花瓣，每瓣都是粉、白二色（外面白色，里面粉白色），所以我和张彤商量也叫它们"二乔"吧。

我本来还想指定一下哪一株是大乔,哪一株是小乔,想想实在是太主观,就放弃了。每年玉兰花开时,大家总会忍不住跑去拍摄,从花蕾初绽到满树锦簇,再到花瓣缤纷如雪飘零。在属于玉兰花季的时光里,它们衬托着致福轩教室的课堂、办公室的灯光、安静的红色长廊,渲染出朗润园里最美的画面。

春天花开时,二乔争艳,却又和谐一体。坦白讲,我并不知道朗润园这两株玉兰树是否属于二乔玉兰,只是觉得用"二乔"这个名字特别契合朗润园的气质。从初创开始,朗润园就建立了"和而不同"的学术氛围:在许多政策问题上,比如产业政策、国企改革、增长政策、金融开放和转型道路,院里教授们的看法并不一致,相互辩论已经司空见惯,但可贵的是不伤和气,而且教授们以维护不同观点、保持辩论和对话为准则,朗润园也因此有了"北大中的北大"之称谓。

最著名的辩论是"林张之辩",

已经持续了 20 多年，我在现场感受到的是 21 年后的这一场，林毅夫老师和张维迎老师围绕什么是产业政策，产业政策是否应该存在，该不该为"第一个吃螃蟹的人"买单，怎样利用比较优势等话题展开交锋。

毅夫老师秉持的观点如：经济发展要基于要素禀赋结构，发挥比较优势，"有为政府"在产业甄别和产业升级中发挥作用，企业家创新建立在政府支持的基础科研和公用技术的突破之上等。维迎老师坚持的观点如：人类认知的局限和激励机制的扭曲意味着产业政策注定会失败，主张废除任何形式的产业政策，政府不给任何行业、企业特殊政策，发挥比较优势与强调政府作用存在矛盾，企业家精神与产业政策存在矛盾等。

其实，中国在经济发展的每一个关键时期，都要面对不同的新问题。原有的经验、方法不能够完全解决新问题，迫切需要理论界、企业家和政府部门深入思考，共同探讨，找到解决问题的新方法。两位老师的争辩无疑能够促进和引发人们深入思考新问题。经过 4 个小时的热辩，两位老师双手紧握，相视而笑。看得出来两位老师谁也没有说服谁，但是都极为赞赏对方，我想"林张之辩"应该还会持续下去，而国发院教授们的各种争辩也会持续下去。

记得我刚到国发院工作不久，"宝万之争"事件发生。这一事件的起因是宝能集团的姚振华举牌万科，并一跃成为万科的第一大股东，随后，王石公开宣战宝能集团，"宝万之争"事件持续发酵。在这个背景下，朗润园举办了以"企业家与契约文明"为题、以万科为例的研讨会，邀请经济学家、管理学家、法学家和媒体人士就公司治理的理论与实践、企业家对中国经济增长的贡献、资本与企业家的关系等问题展开研讨。在此关键性的节点，国发院的周其仁老师、薛兆丰老师、姚洋老师、张维迎老师和我都对该事件进行了点评，那是我第一次切身体会朗润园"和而不同"的气质。

2016年11月的这场"林张之辩"结束后，我将如下文字发至朋友圈：

> 这是学术界值得纪念的一天：两位教授就完全不同的学术观点进行公开辩论，都是谦谦君子，都是大家风范。对听者而言，不是简单地支持与维护，而是感应启发、独立思考，进而形成自己的判断；不是简单的对错评价，而是激荡智慧、启迪见解，进而形成自己更深入的认知，学术的价值和意义彰显其中。

楹联二

朗润园的第二楹联在302办公室的门前：

> 松风水月未足比其清华
> 仙露明珠讵能方其朗润

这句话出自《大唐三藏圣教序》,是唐太宗称赞玄奘而作:"有玄奘法师者,法门之领袖也。幼怀贞敏,早悟三空之心;长契神情,先苞四忍之行。松风水月,未足比其清华;仙露明珠,讵能方其朗润。"

楹联的书法则出自《怀仁集王羲之书圣教序》,是由弘福寺沙门怀仁从唐内府所藏王羲之书迹及民间王字遗墨中集字而成。

在朗润园与玄奘相遇,于我而言更有不同的意义。玄奘怀抱"意欲远绍如来,近光遗法",西行东归;朗润园的创始学者们为解决中国问题,亦由海外求学而归,其志向由毅夫老师的《万众苑记》中可见:"自鸦片

战争以降,列强环伺,民族沉沦,救亡图存为我中华有志之士不舍之追求,万众一心,众志成城极力多少英雄豪杰。中心诸学子,秉承北大爱国、进步、民主、科学之传统,愿舍身名山,作育英才,探索救世济民之道。"而后聚集到朗润园的教授学者们无不受此感召,这一切也熏陶着每一位朗润学子。

为感受玄奘之路,我也有了与国发院EMBA同学一起参加戈壁挑战赛项目的行程,牟震、王守良、熊运鸿、佘广、高瑞、范飞雄等,以及每一届队长和组委会成员,还有王静与探路者、袁嵩与赛轮等众多赞助商，都为国发院戈壁挑战队付出了极大的努力。我更感谢所有走上赛道的ABCD各队的同学们，我们一起感悟"西行·东归·这条路"，一起理解生命起点以及生命永续的意义。

我们走入戈壁时是否真的了解玄奘？站在阿育王寺前，我才开始理解玄奘意味着什么。在我看来，对玄奘的理解，最深的意味是西行，更是东归。

有很多数字去描述玄奘，往返17年，旅程5万里，所历"百有三十八国"，带回大小乘佛教经律论共520夹，657部。再用20年时间从事译经事业，先后译出大小乘经论共75部，1335卷，还把《老子》译为梵文，传入印度；将入印路途见闻撰写成《大唐西域记》12卷。这些数字不仅让我们看到了玄奘西行的艰辛与纯粹，更让我们看到了他东归的坚毅与安守。

玄奘在瓜州阿育王寺讲经一个月，然后继续开启西行之路。当他踏上这条路时，他很纯粹，很明确。在戈壁，想到玄奘，我们会体悟到一步一慈悲，体味到安静和纯粹，感知到一个人力量的巨大。

这份力量更体现在其东归之时。当他在异国的土地上被人誉为先知，哪怕他的一双草鞋都要被无数的信徒亲吻、供奉时，他已然成为影响世界、名誉天下的一个人，但他还是告诉自己回归初心，毅然决然放弃这一切，开始东归。最令我感动的是，当他安然离世时，他已经把所有的事情都完成了。

这就是玄奘。我想这就是我们走近玄奘、走进戈壁应该理解他的地方。

我们应该问自己两个问题：第一，向西行，为什么出发？第二，东归时，以什么而归？

向西行，是起点，给生命一个自我支撑点。

我觉得人生需要一个起点，起点的意义就是你要给自己一个支撑点。

感恩时代，时代给了我们一个奋斗的起点；感恩知识，知识给了我们一个认知的起点；感恩团队，团队给了我们一个成长的起点；感恩家人，家人给了我们一个生命的起点。

但是这些感恩都源于外在给你的帮助，还要有一个更重要的东西，就是你的自我起点到底是什么？如果你的起点不能建筑于自己身上，你就不能找到一个属于你自己的生命支撑点，也就无法支撑起你生命的意义。

我想玄奘在他长达 17 年的努力中，一直能够回到他最终所追求的那个点上——取回真经，就是因为在他生命中有一个清晰的起点，这个起点支撑他西行东归，贡献他的价值。

人生其实是对未来向往，就如很多同学向往来到朗润园，向往来到未名湖畔，向往来到梦想中的大学、商学院，和名师相遇。这个向往成为你的支撑点，让你展开行动，来到朗润园。

由玄奘我们知道，在生命支撑点上，可以内求，也可以外求。内求，可以安好自己的内心，以内心为支撑点；外求，可以通过向外不断奋斗去开展实现目标的行动，获取自己的支撑点。

玄奘是内外求兼容，他既有对高远目标的渴望——为人类去取智慧之经，也有安于当下的一步一慈悲的能力。玄奘内外兼容而得生命的支撑点，这让人们见识了一个人力量、知识和智慧的浩大。

你的生命支撑点到底在哪里呢？通过内求还是外求？

我每到一个商学院，都鼓励大家去走戈壁，因为在极限环境下，你既可以理解外求，也可以理解内求。西行的目的是什么，就是理解如何为自己设定一个起点，让生命拥有支撑点并赋予一切意义。

如卢梭，他构建了社会契约论逻辑的起点。他认为社会有三个最重要的起点：自然状态、自然权利观以及人性论基础。再如德鲁克，他创立了管理这门独立的学科，正是因为对管理有一个清晰的起点。这个起点就是，管理的本质首先而且必须在于行，而不在于知。再看乔布斯，我很喜欢他的产品。苹果手机出现之后，行业发生了一系列的变化，这个变化不仅仅是简单的技术、简单的设计改变，而是革命性的变化。这一切都源于乔布斯的自我支撑点。乔布斯认为，人类的创意来源于对人类缺陷的弥补。设计可以弥补人类的缺陷，这就是乔布斯的起点。

当你给自己一个生命支撑点时，无论在哪个行业、哪个领域从事何种工作，你都能赋予其意义，因为这个起点能让你的一切具有意义。

给自我生命一个支撑点，我想应该做三件事情。第一，体认。只有持续体认，你才可以清晰理解变化与不同。第二，融入。必须真正融入，你才能够安处当下。第三，保持纯粹。只有保持纯粹，你才可以真正倾听到内在的声音。

西行这条路是一条自我觉知之路，通过自我觉知，你会找到生命中最重要的那个支撑点。爱默生说："人的一生就是进行尝试，尝试得越多，生活就越美好。"

如果你愿意融入它，你就会发现，"假如生活欺骗了你，不要忧郁，也不要愤慨！不顺心的时候暂且容忍，相信吧，快乐的日子就会到来"。这是普希金告诉我们的。

如果你愿意并能够真正做到单纯，就会如拿破仑所说："人生的光荣，不在永远不失败，而在于能够屡败屡战。"

东归是终点，也是给生命一个自我落脚点。

生命有一个终点，但不是生理自然现象的终点，而是人生价值的落脚点，也就是你的生命最后落到了哪里。所以我才问大家："东归，你以什么而归？"

看玄奘的生命，他落到了每一部佛经中，落到了每一个故事里，落到了向善的力量中，落到了每个人自我觉醒的共鸣之中，他的生命就这样落下去。我也希望在人生东归这条路上，每个人能给自己的生命一个落脚点。你有这样一个落脚点时，会觉得很安全，也会得到真正的幸福和永续。

人生的落脚点，不是终止，而是永续；不是停止，而是运行。

从戈壁挑战赛归来后，每个人都更具向善之心，更能理解团队，更具克服困难的力量；更相信自己，相信梦想，相信超越自我的力量。如果这一切能够在你内心中升腾起来，并融入你日后的生活与工作，就是永续的出现，戈壁挑战赛的价值就实现了。

我一直认为，人生没有目的，因为一个目的完成之后，另一个目的就会出现。但是人生有意义，其意义就在于价值创造。所以，人生的终点，其本质是价值创造的永续。

我特别喜欢冯友兰所讲的人生的四种境界。他说，人生可以展现出四种境界：自然境界、功利境界、道德境界和天地境界。在戈壁大漠，你可以在真实场景中理解天地之间是什么概念，可以感知到人的渺小，天地的浩大。你可以真切感悟到人生四种境界的起点和终点的逻辑，从自然境界开始，最后到天地境界，贯穿其中的是对你的考验——功利与道德。

理查德·莱文说："真正的教育不传授任何知识和技能，却能令人胜任任何学科和职业。"正是因为教育落脚在叩开心灵的"爱"之门上。你怎样理解琐碎、无聊的生活？大卫·福斯特·华莱士告诉我们，要"在烦琐无聊的生活中，时刻保持清醒的自我意识"。人生无不追求幸福，但你是否知道，这一切都取决于你自己，泰勒·本·沙哈尔认为，"幸福取决于你有意识的思维方式"。胡适认为，"人生的意义全是各人自己寻出来、造出来的，高尚也好，卑劣也罢，清贵、污浊、有用、无用，等等，全靠自己的作为"。

对此，最重要的是什么？如何理解你所从事的工作、你所做的事业；如何理解幸福；能否理解人生的意义完全是由自己创造出来的；更重要的是，能否理解自己与他人、与世界之间的关系。

东归是终点，更是为人生找一个落脚点。生命一定是有起点也一定是有终点的，起点到终点之间就是一条自我觉知之路。我们需要懂三件事情：初心、共生和幸福。

初心是我们的责任。车尔尼雪夫斯基说："生命，如果跟时代的崇高责任联系在一起，你就会感到它永垂不朽。"让你的生命与时代的崇高责任联系在一起，这就是你的价值。我们定不能辜负时代赋予我们的使命，要珍惜这个时代给予我们创造价值的机遇。

共生是创造价值的路径。孟德斯鸠说："能将自己的生命寄托在他人记忆中，生命仿佛就加长了一些；光荣是我们获得的新生命，其可珍可贵，实不下于天赋的生命。"人生的价值不是你自己取得了多大的成就，而是你帮助了多少人成长。

幸福不是一个自我的概念，幸福是一个奉献的概念。如果真的懂爱，你会知道爱是没有索取和回报的，只有真的懂爱，你才能感受到爱，那才是真正的幸福。我把爱因斯坦的一句话送给大家："人只有献身于社会，才能找出那实际上最短暂而有风险的生命的意义。"

契诃夫说："他种下一棵树，他就已经看见了千百年的结果，已经憧憬到人类的幸福。"我想玄奘当年就是起步去种一棵树——一棵智慧之树，也因此看到了千百年后我们所得到的智慧加持。

人生有起点，有终点，最重要的是安好自己的生命起点，安好生命的永续，这才是我们"西行·东归·这条路"的真正含义。

我以"这条路"为题，为国发院戈壁挑战赛写了一首队歌，由张金勇同学谱曲，以此呼应朗润园的楹联，也让玄奘精神内嵌于心。

这条路
——北大国发院戈壁挑战赛队歌

这条路
横亘砂石穹宇
放眼满是苍茫荒芜

穿越往昔与今朝
凝聚智慧梦想

这条路
拥抱极限力量
胸中满是激情豪迈
携手你我共同行
凝聚友爱真心

勇者踏步要为自我证明
智者踏步要为生长证明
汗水酸痛已融入肌体
困顿孤独却抛离身外

勇者踏步要为自我证明
智者踏步要为生长证明
星起尘落嵌朗润情怀
西去东归弘天地大道

这条路
就是玄奘之路
坦荡无畏 你我一起走过

长幅二

毅夫老师办公室内悬挂着朗润园的另一条长幅,内容如下:

是以乡人为之谚曰:重亲致欢曹景完,易世载德,不陨其名,及其从政,清拟夷齐,直慕史鱼,历郡右职,上计掾史,仍辟凉州,常为治中,别驾,纪纲万里,朱紫不谬。

我请教了一些专家后,试将长幅内容翻译如下。所以,乡人有谚语说:"曹景完重亲情,到了以此为乐的程度。"他的道德和美名会历代相传,永不陨没。到他从政之后,清廉比得上伯夷、叔齐,耿直不输史鱼,他多次任郡里的重要职务,所到之处,皆能治理有序、是非分明。

还是在贤青和曹毅的帮助下方知,此长幅源自书法家张恺书写的《曹全碑》。《曹全碑》,全称《汉郃阳令曹全碑》,是中国东汉时期重要的碑刻,亦是汉代隶书的代表作品,以风格秀逸多姿和结体匀整著称,历代书法家推崇备至,被称为隶书中的"兰亭序"。

坦白讲,关于朗润园这两条长幅是基于什么样的渊源出现的,本想找个时间去请教大源老师，又担心打扰他，所以至今还未行动。不过，仔细浏览，发现它们似乎与这里很契合，我就自私地认为，这份契合应该是它们出现的原因。这个院子尤为关注自律与担当，让优秀成为一种习惯。

宫玉振老师和杨壮老师参与了一本书的撰写，书名叫作《打胜仗：常胜团队的成功密码》，出版人希望我为此书撰写推荐序，全书围绕华为展开。疫情暴发、全球动荡给每个企业都带来了巨大的挑战，而华为所遭遇的挑战和压力更是世所罕见。美国制裁华为，是一个超级强国对一个企业的围剿，但在华为自己看来却是一种检验，是对华为自身的组织、技术、产品、运营、文化、管理的全面检验，华为用自己坚实的增长予以回应。通读全书，我感受到任正非以及华为的"英雄主义"特质，所以，我以此为题写出我的推荐序，现摘取一段如下：

> 任正非提出："要让打胜仗的思想成为一种信仰。没有退路就是胜利之路！"正如书中写的那样："乐观主义是华为的引擎，开放是华为的灵魂，向世界上一切最先进的组织削足适履式地学习，是华为追赶和超越竞争对手的核心密码。IBM等西方咨询公司'教会了华为怎么爬树'，而向中外军队学管理，也在很大程度上塑造了华为英雄主义的组织气质。"

在我的理解中，"优秀是一种习惯"是"英雄主义"特质的来源。就如在宫玉振老师和杨壮老师文章中所感受到的，"回顾数千年的战争史，其中有两条要素是古今中外所有优秀的将军都具备的，一是沉着冷静的意志，二是与下属同甘共苦的品质"。这本书通过对华为艰苦卓绝的历程呈现告诉我们，内省自我，向外学习，这是华为的文化，也是华为的习惯。

在朗润园，就如亚里士多德认为的那样："每天反复做的事情造就了我们，然后你会发现，优秀不是一种行为，而是一种习惯。"

第四庭院

第四庭院以办公室为主，西面是朗润园的主通道。庭院中有海棠、牡丹、石榴，它们次第花开之时，有繁花锦簇之感。

我的办公室就在这个庭院。穿行在花丛中，我总是满心欢喜。很多时候，我会和学生在这里交流，有的学生来探讨课程心得，有的学生来交流创业项目，也有的学生来交流人生感悟，更多的学生来分享他们的收获和喜悦。

记得李伟到办公室的那两次。第一次是他准备了一面院旗，请我们在上面签字。他告诉我们，他要带着这面旗子登顶珠峰，并让院旗在珠峰飘扬。等他再来办公室时，这面登顶珠峰的旗子被带回来了。国发院有三位学子成功登顶珠峰，他们分别是EMBA2011级校友李伟、MBA体康2016级学员邱小斌和经双2013级校友赵万荣。令人感动的不是登顶成功，而是他们的心路历程和坚韧的努力。李伟说："仰望星空只是别人心中的美丽。去想象一种美丽，不如自己去亲身感受这种美丽。与其去想，不如去做。"邱小斌回忆了攀登珠峰过程中的种种细节：北大登山队员每人都准备了"随手一袋"，确保随时产生的垃圾都能够被带回到山下，不给珠峰造成任何污染。赵万荣与大家分享了"为何登山，何为登山"的话题。在他看来，"雪线之下无风景，路绳之上皆兄弟"，人年轻的时候一定要爬一座真正的山。

正如登顶珠峰的三位国发院学子所感悟的那样，攀登的过程都是很孤独、很枯燥的：靠自己的双脚一步一步走上去，再一步一步走下来。因此，在行走过程中，和自己内心对话，克服焦躁心理，完成自我建设十分重要。人的成长就是这样，一次次遇到问题，一次次全力以赴地解决问题。这是一种选择，更是一种结果。

记得在办公室与全日制研究生、本科生一起探讨入学与发展的话题，他们带着敬仰之心来到国发院，陌生却又充满期待。我们交流学习、研究、时代变化、年轻人的责任……似乎是没有主题的漫谈，一个一个的小话题，贯穿起来成为一个大主题，那就是对自己有更高的期望，希望能有所作为。

与学生们在一起，总是让人有生长的感受。因要与他们共同进步，所以不敢怠慢；因要与他们对话交流，所以不敢自信；因要用他们的视角去看世界，所以不敢自我封闭。这份与学生一起生长的美好，让人感受到青春活力，让人体味到生长的力量。

捐赠墙

致福轩院墙上，有一面贴着捐赠人铭牌的捐赠墙。

朗润园一直与捐赠联系在一起。《重修朗润园记》中就有记载："适有香港名士钱果丰、利国伟、曹其锋等慷慨捐助，共襄此盛事，诚义举也。"随后有万众董事长、陈发树董事长、木兰汇、腾讯、刘永好董事长、周延

校友、赵心竹校友、田汉校友、王慧英校友,以及众多校友与老师参与捐赠。刘京校友与学院一起发起校友公益委员会,影响并汇聚更多的公益力量。这份校友间的公益力量,交织在校友部程军慧、施静、王翔、姚家珍和赵晔几位同事的日常工作中,更彰显其内在的温暖与亲和力。校友部几位同事以公益和温暖连接了2万多校友,让国发院的校友成为一个"爱的集群"。

国发院受益于众多人的善举,也积淀了自身的公益慈善之心。对于BiMBA的学生而言,投身公益是一门必修课,虽没有学分,却是学习中不可或缺的内容。其中由同学们发起并已经持续了 16 年的慈善光明行（简称光明行）尤为令人感动。在给患者带去光明的同时，我们也收获了内心的光明。

慈善光明行创立于 2006 年，是以白内障复明为主题的眼科义诊活动，由北大国发院 E04 班校友、时任上海普陀区中心医院院长的张兴儒联合北大国发院校友、上海眼科界及社会各界志愿者共同创立。

据范丽荣老师回忆：

> 2006 年春，在北大国发院 BiMBA 校友的一次交流活动中，我们得知青海、西藏等很多高海拔地区的同胞患有严重的白内障，不少人甚至已经失明。由于生活条件的艰苦、当地医疗条件的限制，一个人的病痛将一家人的生活拖入困境。当时，正在北大国发院 BiMBA 读 MBA 的 2005 级同学杨永晓是学医出身，了解到这个状况之后，他和李争夕、吴蓉、屈剑锋、郭亚辉、田宏伟等同学一起酝酿如何能够帮助这些困难的同胞，于是慈善光明行的初步构想就形成了。
>
> 同在北大国发院 BiMBA 就读的 2004 级 EMBA 同学张兴儒刚好是上海眼科界的专家，他听到慈善光明行的设想之后，马上承诺参加，并一同细化了方案：组建一支慈善光明行医疗队，每年去一个缺医少药的贫困地区，为那里的眼病患者送去光明。初心就是这样简单，从无到有，他们克服了很多

困难，才使得如今的慈善光明行星火燎原。

2016年当我知道兴儒校友时，他因病要到美国去治疗。那时我们一起为他筹集治疗款项，一起为他祈祷，祈祷奇迹的出现。杨壮老师告诉我这一年的光明行由他带队，我们还谈到兴儒，期待听到他的好消息。但是想不到，他还是在2017年9月离开了我们。国发院的群中，满是悲念，也满是感恩。悲念兴儒的离去，感恩兴儒带给大家的一切。悲念、感恩之时，我们彼此知道，会继续光明行。这一路会因兴儒越走越光明，亦如兴儒留给我们的最后一段文字：

亲爱的光明行战友，亲爱的师长、同学：

就在你们即将踏上第12届慈善光明行之路时，我也开始了生命的新旅程，来不及说再见，来不及为你们送行，我是多么舍不得你们！看到光明的种子在你们中间传递，我这一生的使命也已经结束，是时候开启新的旅程了⋯⋯

回想这11届光明行，佐钦、清河、甘南、内蒙古、凉山、江川、果洛、习水、拉孜、瓜州、石泉⋯⋯是多么地令人怀念。我们忙碌在人头攒动的门诊大厅，我们奋战在凌晨两点的手术室，我们因病人之喜而喜，我们为病人之忧而忧，我们在一起践行了一个真理——无私奉献才是真正的快乐。

没想到我也是光明行的受益者。我得病后，是你们给了我赴美治疗的机会。这是我人生中最难忘的时光，也是最美好的时光，是你们给我的最好的礼物，感谢大家！

世事无常，总会有离别的那一天。光明的种子已在你们心间发芽，世界会因你们而美好。再见了，我的战友；再见了，我的师长、同学；再见了，我的兄弟姐妹！总有一天，我们会在无限美好的光明里再见！

张兴儒

从兴儒创立光明行开始，光明行每年选择一个贫困地区，自开展16年来，团队先后赴雪域高原、天山脚下、黄土高坡、内蒙古草原、彝族越西、云南边陲、青海果洛、遵义习水、西藏拉孜、甘肃瓜州、陕西石泉、新疆叶城、新疆塔县、海南乐东、新疆莎车、黑龙江龙江等多个地区，完成手术2700例，复明成功率100%，累计服务的义诊患者超过2万余名，数十万人得到眼科专业知识的普及。

2019年，在祖国70周年庆典的前几天，我参加这一年度的光明行，来到黑龙江省齐齐哈尔市龙江县，这一次以上海交通大学附属新华医院眼科主任医师赵培泉教授为总领队，由飞鹤慈善基金会、上海市眼科专家团队、北大国发院戈友会与龙江人民医院一起，为159位白内障患者带去光明，为将近1500人义务筛查。

守良、高瑞等人全程有序地组织，我和柴豫荣老师加入校友志愿者队伍，孔栋博士作为国发院校友的家属，从波士顿专程飞来参加，联席领队朱红艳凡事亲力亲为……每个人都希望能够尽一份力。望着专心治疗的医生团队、提供后勤保障的服务团队，感受着患者由衷的感激之情，看着一张张带着渴望而来、带着满意而归的笑脸，心都融化了。

一件事可以汇聚这么多人，一件事能坚持做 16 年且还将坚持下去，正如兴儒所说，"看到光明的种子在你们中间传递"。光明行已连续走过 16 载，不仅没有停下脚步，反而连接了更多的人，做了更多的事，因为每一个参与其中的人都获得了身心的光明。

游廊

朗润园是由游廊连贯在一起的，这游廊虽没有颐和园长廊的富丽堂皇，但显得质朴平实。

在一次大雨中走过游廊，我脑海中闪出"静坐听雨"四个字。战时的西南联大，教室简陋，下雨时，雨拍打在铁皮屋顶上发出噪声：雨越大，声越大。一次，经济系教授陈岱孙上课，因雨声太大，学生根本听不清老师讲课，陈教授干脆写下"静坐听雨"四字，令全班听雨。

我对教育更深的理解就与这四个字有关：静坐听雨。教育并不只是传授知识，其更大的意义在于心灵的唤醒，是心灵与心灵之间的互动。如果理解教育、理解课程，你就会知道，重要的不是在什么地方上课，以什么形式上课，而是能否产生心灵的共鸣，你的内心是否被唤醒。静坐听雨的

西南联大教授与学子们，无论是投笔从戎、英勇赴义，还是专于科学研究，各领风骚数百年，无不体现着"刚毅坚卓"之校训。

教育是一个自我唤醒的过程，每一个当下环境、每一种混乱冲击、相遇的每一个人都会对你产生作用和影响。日常生活中的一个瞬间、一本书、一部电影都会叩开你的心门。但是，所有这些外在的力量要真正发挥作用，仍然要依赖你自己的内心以及你内在的力量。

白岩松在里约奥运会赛前曾说："中国女排战胜巴西女排的胜率不足三成。"但这是一场荡气回肠的逆袭之战，中国女排每每在关键时刻的呐喊、临危之时的爆发，总能唤起我内心熟悉的感觉——女排精神、女排魂。最终，她们站上了领奖台的最高位。这一刻，我已泪流满面。泰戈尔说过："我存在，乃是所谓生命的一个永久的奇迹。"此刻，我只想对中国女排说："你存在，乃是所谓生命的一个永久的奇迹！"有人曾问："女排的精神是什么？"郎平说："女排精神不是赢得冠军，而是有时候知道不会赢，也竭尽全力。"竭尽全力，永不放弃，永不言败，这就是女排精神。

生命的奇迹，在于一个又一个真实存在的个体不屈从于挑战，不畏征服，由内在意志去唤醒奇迹。虽然有时我们不得不接受身处某种困境，但自我觉知与教育依然会在随后的时光中帮你摆脱困境。

本雅明说："当今世界之所以充满了各种生活力量和世界观，而且这些观点之所以在这个国家所向披靡，正是因为它们几乎总是用来支持某个完全没有意义的个人境遇。"如果我们没有封闭自己，至少可以从当下令人迷惑、焦虑不安的境遇中消除幻象而回归本心。

技术的确让我们处在无限连接之中，巨量的信息也把我们包裹在由不确定性引发的不安共同体中，无限可能性所引发的欲望，以特定的、不同于以往的方式侵蚀着个体。个体价值崛起之时，拥有创造性破坏的思维与保有平和而善良的本心显得尤为重要，这样才能够让个体变得真正具有价值，这就是教育之功。

无论何时、何地，训练自己"静坐听雨"，即可窥见人性内在的光辉。

噪声、冲突、诱惑、挑战，固执地裹挟着人们，我们每天都要为抵御与克服这些外在干扰付出巨大的努力，要用内在定力、内在最温柔的善，去化解这一切负面影响，甚至让这些干扰成为价值创造活动的推动要素。

教育是一项真正的设计，用艺术家的心灵，把无限与有限、多与少、静止与运动、光明与黑暗，巧妙地架构在一起，以保留多样性去包容可以包容的一切，不是为输赢，而是为如何不放弃、向远方。

办公室

我的办公室坐落在第四庭院的转弯处，门前有一棵石榴树。

为迎接承泽园开园，孙永红来到我办公室，我们一起设计将万名校友与承泽园联结起来的方案，永红和12位校友一起将这个项目命名为"正心路，联天下"，并期待在承泽园修建一条爱心小路，显示每位校友的学号，那是校友和学院永久的联结，是一座"润泽心桥"，也是一个人独特的、永久的身份留存。我请永红和军慧一起策划这个项目，我们都为此感到兴奋。

此时，恰是石榴花开的时节，由办公室什锦窗望出去，红色的窗框、嫩绿的树叶、橙红色的花朵，引发我们把话题转移到了美、构图和绘画。我们聊到色彩、光影、轮廓以及勾画实景时的各种微妙变化，这时我才知

道永红学过油画,并有自己的作品。

把眼中所见在画布上重现出来,既真实又抽象,在热爱文字写作的人眼里,这是画画打动我的地方,也让我想起自己的一小段画画经历来。

我去南京大学讲学,有大半天的闲暇,品成梦想咖啡馆里有老师教授油画,于是我决定用这个时间来体验一下。第一次拿起油画笔,感觉很神奇。脑海中浮现出凡·高的向日葵,对油画所呈现的丰富与纷繁赞叹不已。想不到这里竟然有零起步的油画体验项目,我马上穿上围裙,端坐在画架前。

油画老师很年轻,更年轻的是我的笔。老师拿出很多图片让我选,可以照着画。不过我想画我熟悉的东西,就从手机中找到几天前参加毕业典礼时在华南理工校园西湖边上拍摄的一张照片,老师帮我打印出来,我便开始画自己平生的第一幅油画作品。

咖啡馆里放着淡淡的音乐,窗外的阳光也刚刚好斜射在画架前,我学着调色,学着用画笔,学着构图,学着一层一层地展开。我安静地画着每一笔,虽很青涩,却满是喜悦,甚至中午去吃饭时,心里惦记的还是这幅画。专注的感觉,让心很安定。

也许是完成第一幅作品的喜悦太过强烈，我决定继续画第二幅，依然是选择手机中的照片。我发现转换不同的表达方式，会看见超越现实的另一种美，如果不是拿起画笔，真的没有这么真切的感受。喜欢这个美美的咖啡馆，喜欢这个造梦的空间，喜欢发现每一个可能带给人欣喜与快乐的事物。就如这一刻，拿起画笔，虽然稚嫩，只可远观，但是属于你的发现之旅一旦展开，也就有了属于你自己的作品。

还记得应王慧英校友的邀请，参加西北校友会活动，倾听维迎老师和姚洋老师的独到见解，感受校友们在各自事业中创造的成就，体会校友们家国情怀的共鸣。永红、慧英和校友们以行动为画笔，以朗润园为底色创造一件件作品，使之透着沉静的质感和蓬勃的动力。在这个院子里，校友们拥有了最初"色彩与笔触"的记忆，在真实可见的世界中，重现并创造着真实世界的美好意义。

会议室

第四庭院有一间会议室，刚好就在我的办公室旁边。

这间会议室其实是一间教室，大部分时间用来上课。我在这间教室给EMBA、MBA、DPS、EDP、本硕、木兰学院、财经奖学金等项目的同学

讲过课,也在这间教室参加过毕业班同学的论文答辩,参加过戈壁挑战赛组委会、亚沙挑战赛组委会的讨论会,参加过返校日校友们一起组织的读书分享会,与 MBA 同学对话与交流……这间教室,应该是我与学生们相聚最多的地方。这间教室,也是老师们一起练歌、参加晚会合唱的训练场所。每次合唱时团长李鸿老师都会来指导我们,甚至在这间教室里,我们试着去学如何用腹部发音……如此种种,让我对这间教室有一种很温柔的情感。

到国发院的这一年,恰恰是我从教 30 周年,我为此专门写了一本《大学的意义》做纪念。在图书正文的开篇,我对自己发问:

做一名大学教师，总会遇到这样的挑战：你到底对学生成长有多大的贡献？你所研究的东西究竟有什么用处？你是否在工作中得到快乐并心满意足？你是否觉得自己比一个读书很少的人，对于人类本质的认识更深刻？你是否觉得能够平实地对待变化以及困惑？你是否可以帮助净化社会的道德环境，或者你可以明示行为及价值的判断？你是否从学科研究领域发现了规律，能够用来预示社会或者人类未来或者人们的命运？又或者你可以让自己成为一个自己想成为的个体，安静而满意地走在学生中间？一口气问了这么多问题，答案如何？每个教师的回答会有不同，但有一点可以肯定的是，这是每个教师都不得不面对的挑战，而且需要得出自己的答案。

教师是人类社会最古老的职业之一，其本质是促进学生成长，或者说，教师角色的实质就在于帮助学生成长。想到教师，就会想到苏格拉底、柏拉图和亚里士多德，这三位先哲代表了三代师生的传承，柏拉图和亚里士多德更是分别创立了学园。

拉斐尔以《雅典学院》为题的壁画彰显了人类对智慧和真理的追求。画面的中心就是两位伟大的大师——柏拉图与亚里士多德，他们似乎在进行着激烈的争论。我在想，柏拉图想要告诉亚里士多德什么呢？亚里士多德又是如何回应的呢？一个教师遇到一个可以懂他的学生，又能够与之对话，该是一件多么幸福的事情。

我在成长过程中有幸遇到了好老师。老师因着眼于学生的学习兴趣以激发学生的无限潜能，以其深厚的学养为我们的学习插上快乐的翅膀，让我们以巨大的潜能超乎想象地实现了生命的飞跃。那种自在的心灵状态，不但提升了我们彼时学习与生命的质量，也为我们今后的成长奠定了良好的基础。

一位好教师，会明确自己思维方式的正确性，教导学生始终拥有自我判断的价值情怀和独立思考的文化境界。

一位好教师，能身体力行地提升学生对学习和对知识渴求的愿望。老师的求知欲直接影响到学生的求知欲，在很大程度上，只有老师能够赐予学生独一无二的对知识的热爱和阅读鉴赏的能力。

一位好教师，他自身的进步和成就可以给学生以明确的指引，学生可以在与教师的交流、在对教师的观察中懂得，如何正确运用所学的知识和技能去实现人生的理想和追求。

幸运的是，我能够以教师为职业；同样幸运的是，与学生持续了30年的教学相长，让我可以与中国企业实践保持密切的互动，让理论与实践得以在课程中直接对话，并激发更多的思考、研究与实践。教学推动了研究工作的深入发展，研究所得又提升了教学效果。

我特别感谢机械工业出版社华章分社，在我从教30周年之际给了我一个巨大的惊喜，重新结集出版了我30年的作品——"陈春花管理经典"

系列丛书（16本）与"春暖花开"系列丛书（7本）。这套丛书的出版让我感动与感恩。感动出版社以及编辑团队所付出的巨大努力。感恩这个时代，让研究学者有机会与鲜活的中国企业一起成长；感恩这个时代，让一个普通人有机缘与进步社会一起成长；感恩从事教育职业，让一位教师有机会与众多优秀的学生互动成长；感恩遇到的人与事，让我能用文字去记录与诠释，由此获得自己内在的成长。可以说，正是教师职业，给了我丰盈的30年。

世界丰富的美，始终是由每个人心灵的丰富和开放程度决定的。教育使人心灵丰富。与一位好教师相遇，学生可以体认到：教育的意义就是生命对生命的唤醒，教育的价值就在于心灵与心灵的共鸣，教育的真谛就是赋予生命以温暖、健康和求真向上的力量。也正因为此，教师是可以延展生命的职业。

四季时节，细雨、薄雾、老叶、新芽、繁花、落叶，更迭与焕发，给安静的朗润园嵌入生命柔美的气质。分享时分，困惑、纠结、思考、探索、深化与发现，给熟悉的教室填满认知交汇的味道。倾听与询问，对话与碰撞，辩论与共识，一点点拓展，一步步累积，我们通过学习，共同享受着自我成长的过程，沉浸在其中，欢喜快乐。

生命总是这样充满生机，就在一间小小的教室里，透着生长的味道，如春日绵长，盎然勃发。

第五庭院

第五庭院大概是朗润园最大的庭院了。这个庭院也称万众苑，由万众主楼、万众广场、回廊和办公室组成。学院的各项活动、大型聚会以及大合影几乎都在这里举行，这里是学院的中心广场。

在这里，彼此滋养让学习与行动即时组合；在这里，打开边界让认知与连接慢慢渗透；在这里，吸纳内化让学习与未来深深根植于内心。

为了给 EMBA 同学创造更多与企业家直接对话的机会，我和品牌部一起策划了"朗润企业家高端对话"系列活动，我节选了其中几场对话，以展示对话所带来的启迪。

与创造了"公司＋农户"模式的温氏集团董事长温志芬的对话，让我们学习到如何像温氏集团那样，应对企业持续发展所面临的四个重大挑战：如何平衡企业自身与合作伙伴的共赢与发展；如何保障员工与企业一起成长；如何面对挑战、冲突以及机会的诱惑；怎样守护自己的核心价值观和企业文化。温志芬作为温氏家族核心成员之一，见证并参与了温氏股份的成长过程。在他看来，应对这四大挑战得益于三方面的驱动力：模式驱动力、技术创新驱动力和文化驱动力。

与宝马中国工厂张涛厂长的对话，让我们领略了宝马全球生产体系首位中国籍厂长、唯一一位女性厂长的魅力。她带领团队实现了数字化、工业4.0与"独具匠心"的完美结合。张涛告诉同学们，精益生产、"独具匠心"是工业4.0的基石。在工业4.0时代，制造业企业用工人数减少了，但对人的素养要求提高了，只有高素质的人才能更好地管理机器运行，真正实现"人机一体、人机融合"。在工业 4.0 中，人的角色变了，在新的人机互动环境下，人类不再是劳动的直接参与者，而是机器的导师，不断引领机器去自我学习、深度学习；人类仍需要发挥自己的创造性，进行生产设计，提高生产效率。张涛还在最后总结了中国宝马的成功，是源于"中国的高速度与德国的高品质"合资企业的文化融合。

与华为高级顾问田涛的对话，围绕着"组织的进化逻辑"展开。对话中，田涛详细解码了华为成功的组织奥秘：以西方的制度建设为经，以东方式人性设计为纬，以简单、一元、开放的价值观为灵魂，以言行一致的领导者为榜样，以顾客为唯一的上帝，以奋斗者为本。通过田涛的介绍，同学们学习到：华为在组织建设中对内生力培养的注重；华为组织建设的底层逻辑，是在理解和尊重人性的前提下，将员工对组织的奉献建立在责任和契约基础之上，分享财富与权力；组织发展的方向在组织外部，与顾客在一起。

在与 TCL 首席执行官薄连明的对话中，他对战略与运营的深度思考和应用给大家留下了极深的印象。他在 TCL 投资显示屏遇到挑战时出任总负责人，其战略与运营高度契合的思考也得到验证和升华。华星光电的成功秘诀就是战略与运营的高度契合，知行合一。用薄连明的话说，要做到知行本一。他从事经营管理多年，一个重要的观察就是企业经营的第一大难题就是战略和运营的脱节：战略找不到落脚点，运营找不到方向。薄连明很坦诚地分享了他做到战略与运营合一的秘诀：一个很简明的公式$Y=F(X_1, X_2, X_3)$。Y代表目标，X代表达成目标的关键成功要素，F代表若干X的有效组合。根据企业的实际情况，组合可以多种多样。

与名创优品创始人叶国富的对话，探讨了"新零售"这一当时的热点话题。因为名创优品是一个在实体店寒冬期、新零售势头正盛时，逆行打造的实体店线下引流的奇迹。通过叶国富的分享，我们了解到名创优品迅速扩张，与全球多个国家达成战略合作，并在短短4年中营收近百亿元的做法及经验，那就是奉行"简约、自然、富质感"的生活哲学和"回归自然，还原产品本质"的品牌主张。名创优品的秘密就在于保持"三高三低"——高颜值、高品质、高效率，低成本、低毛利、低价格。通过名创优品的发展我们可以看到，只要抓住新零售的本质，红海中亦有机会。

最独特的一次对话是与一众企业家和教授进行的。在改革开放40周年之际，中国管理模式C50成员金蝶集团董事会主席徐少春，康恩贝集团董事长胡季强，东南大学经管学院教授仇向洋，美国CCL大中华区研究总监、宁波诺丁汉大学李达三讲席教授李平，九如城养老产业集团董事长谈义良，精英集团董事长兼总裁翟志海，大汉控股集团董事长傅胜龙，北京工商大学副校长、教授谢志华，青岛理工大学教授乐国林，晶龙实业集团董事长靳保芳，白象集团董事长姚忠良，北京大学教育学院教授文东茅一起来到朗润园展开对话。参与对话的企业家和教授们认为，正如北大之所以成为北大，是因为北大精神的传承不息一样，中国经济之所以崛起，归根到底是中国企业家精神的觉醒。而在这两者背后，都是一份"修身，齐家，治国，平天下"的胸襟与担当。回顾改革开放40年的发展驱动力，对话嘉宾总结为"爱，冒险，活下去"。的确，在这些企业家身上，我们最大的感受就是，他们用爱前行，他们敢于冒险，他们一次又一次不断突破艰难困境，永无止境地奋勇前行。

石碑二

万众广场上树立着一座石碑，此碑为林毅夫教授撰写的《万众苑记》，全文如下：

> 万众苑位于北京大学未名湖北昔日皇家园林朗润园内，与圆明园一墙之隔，为中国经济研究中心新建之办公院落。凡正屋楼阁、轩房廊屋共一二九间，与致福轩回廊曲径相通。假山错落，花木扶疏，小桥映带，湖水环抱，亭台楼阁，绿树掩映，既有江南园林之古韵，又富皇家殿宇之神采，留恋回顾，抚今追昔，心悦之余，不禁慨然。
>
> 忆昔中心始建之时，寄寓老地学楼两间半小室。越三年，获香港士绅钱果丰、利国伟、曹其锋等慷慨解囊，重修朗润园致福轩，始有专属之院落。而后海外归来学子汇聚，教学科研蓬勃发展，原有屋舍不敷使用，师生同处，摩肩接踵，

发展日益受限,乃筑扩建模型,戏称红楼,以取画梅止渴之义。不期一九九九年春台湾亚陆投资股份有限公司董事长万众先生来访,秉烛夜谈,多所契合,当即应允助筑红楼,以圆我梦,一年有余,新院落成,取名万众苑,一则铭谢先生义举,二则谨记万众一心之意。

史载朗润园曾为晚清内阁军机处议事之所,中华二千年帝制之诸多变革草议于此。想当年多少俊杰在此擎[擘]画,思挽狂澜于既倒。吾辈何其有幸,重用此园。高楼伫立,临湖迎日,但见东方渐红,流霞耀目,日移影斜,凭栏远眺,惟有西山烟云,薄暮苍茫,不觉百年沧桑,此心相通,物喜己悲之念尽去,戮[勠]力报国之志昂然。

自鸦片战争以降,列强环伺,民族沉沦,救亡图存为我中华有志之士不舍之追求,万众一心,众志成城极力多少英雄豪杰。中心诸学子,秉承北大爱国、进步、民主、科学之传统,愿舍身名山,作育英才,探索救世济民之道。万众先生京畿顺义人氏,生于台湾,白手创业,年仅而立,卓然有成。

吾等何幸，得其襄助，以遂我志。致福万众，任重而道远，当孜孜不倦，奋发向前，吾其勉之。

北京大学中国经济研究中心主任 林毅夫谨识

汴梁乐翁书

公元二千零一年十月十六日

万众广场

万众广场坐落在第五庭院的万众苑中，开阔的中心地带被称为万众广场。

我曾在万众广场接待新华都商学院到北大学习交流的本科学生。他们有机会在北大朗润园接受熏陶，全赖于发树董事长的善举。10多年前，发树董事长决定捐建新华都商学院，一方面为更多人提供读书的机会，另一方面感恩回馈改革开放带给他的成长。回顾发心时，发树董事长说："我从小就渴望读书，但是当时的条件不允许。当我有能力之后，我再一次回到学校读书，并感受到读书对人的帮助。"所以，他决定捐赠教育，捐赠并创立新华都商学院就是其中一项，10年后他又捐赠国发院，新华都商学院与朗润园美好相遇。

我还记得他给新华都商学院学子的寄语中的一段话：

　　学习是无止境的,既要懂得在课堂上学习,又要懂得向各领域专家学习,更重要的是,哪怕只有一句话对你有用,你也要去读懂并马上去实践。要珍惜学习的机会,更要懂得感恩,懂得担当与责任,在学有所成之日回报社会。

　　事物的发展,虽有不同方式、不同路径,甚至达成不同结果,但得以持续发展的事物都会拥有其固有的特性。它们能够安处于变化之中,是因为它们的本色不会因变化或者冲击而模糊,它们对规律有着清醒的认识,恪守基本的常识,这就是其固有的特性。发树董事长笃信:天道酬勤、地道酬善、商道酬信、业道酬精。我虽与万众董事长未曾谋面,但万众苑与致福轩回廊相连，亦可以感知其同样固有的特性。

财富所释放的价值最能显现人精神上的光辉，那就是能够帮助多少人成长。有些时候，财富会让固有的特性变得模糊甚至消失，当人无法驾驭财富时，仅是感受其拥有者的身份，也会被桎梏并因此而失去平和。真正的财富拥有者，恰恰不是拥有而是释放，渗透着精神和奉献的品质，并因这样的品质使财富本身无法被忘却。其释放的财富中闪烁着精神性的光泽，就如新华都商学院，就如万众苑。

我和年轻的学子们站在万众广场上，探讨着环境变化、学习发展与求知探索，温和的阳光散落在一张张年轻的脸上，闪烁着慈善之光。

《墨经》上说："知，接也。"人的知觉，是和环境接触而生的。在这个园子里安静地倾听，蒙受着善的滋养，积极地探索，让心融汇在这里，由此而内化为自在的秉性，能知觉，学生们是真的幸运。

后院

从万众广场侧门出去，就来到了朗润园的后院。这里可以说是朗润园的一个迷你公园，在几米见方之地，摆放着两套座椅，供老师和学生们讨论之用，高大的树木耸立在湖边，很安静，也很柔和。

我们曾在这个小小的公园里举办过一个特殊的仪式，纪念一位热爱教育、热爱学生、热爱与中国合作的朗润园老朋友——福坦莫大学（Fordham University）前教务长史蒂芬·弗里德曼（Stephen Freedman）先生。早在1998年，美国福坦莫大学作为第一家合作方，与北大中国经济研究中心（国发院的前身）携手创建了 BiMBA 项目，可以说是中国中外合作办学项目的先驱。之后，在2010年又联合开发了 MSGF（全球金融硕士）项目；在2015年合作开发了 DPS（金融管理博士）项目。

在中国经济研究中心成立不到4年之际，毅夫老师等人就富有远见地设立了全球合作商学教育项目。同样具有远见卓识的福坦莫大学，联手国发院，针对学生的需求展开教学，不断创新，为学生提供了丰富而有益的课程。正是因为双方基于共同的愿景，即培养目标清晰、拥有全球视野、勇于为社会奉献的优秀学生，使得 BiMBA 成为全球领先的商学教育项目。

2018年5月5日，弗里德曼先生来到国发院参加北大120周年、

BiMBA 商学院 20 周年的庆典活动，发表了热情洋溢的讲话。弗里德曼先生坦言，福坦莫大学与国发院共同培养的校友，今天不仅遍布中国各行各业，而且遍布世界各地，在全世界的商业领域发挥着影响力。弗里德曼先生一直非常喜欢中国文化，他每次访问中国大学之后都活力四射。因为他坚信拓展全球伙伴关系、推行国际教育意义非凡，这将帮助学员通过国际交流开阔眼界，开放包容，相互学习，在不同文化之间建立桥梁，而非筑起石墙。

BiMBA 项目作为一个小而精的商学项目，20 年来顺利发展，其中一个极为重要的特色就是全球合作。从胡大源老师、杨壮老师、梁能老师，到马浩老师、宫玉振老师、张黎老师，再到我和范保群老师，一代一代传承和保持着全球合作的选择。我们分别与美国福坦莫大学、比利时弗拉瑞克商学院（Vlerick Business School）和英国 UCL 管理学院展开合作，把北大"思想自由、兼容并蓄"的精神融合在全球伙伴关系之中，并从培养学生们的个性中脱颖而出，产生着持久的影响力。

20 年的合作，如弗里德曼先生一般的众多合作伙伴，以彼此欣赏、相互学习、发挥所长、优势互补的合作精神，协力创造商学教育的价值，我们很幸运和全球伙伴保持了长期的、富有建设性的合作关系。1998～2018 年，全球的商业环境以及中国的商业企业都发生了巨大的变化，这一切对商学教育也提出了很多新的挑战。在 20 年后的时间点上，我们依然相信全球合作能够推动进步、造福人类。

我们总会记得每一位推动合作的价值贡献者。越是在复杂的环境下，越需要构建广泛合作与对话，合作者显得尤为珍贵。考古学家罗伯特·凯利（Robert L. Kelly）认为："合作需要信任，信任需要有人勇敢地迈出第一步。"1998 年，BiMBA 项目的创始人勇敢地迈出了第一步，才有了遍布全球不同领域发挥作用的朗润学子之光。

如果说，迈出第一步的起点是胸怀与远见，那么它的归处，就应该是卓越与高尚。

万一

修建万众苑，全部采用中国古典庭院式宝顶建筑，整个院落以朗润园古建园林为主要风格，环境优美。万众苑的主楼有两层楼、三间教室，我们习惯把一楼大教室称为万一。

万一，也是各种研讨会的举办场所，我在这里做过一场新书发布会。

从新希望六和集团卸任后，我记录公司三年转型的新书《改变是组织最大的资产：新希望六和转型实务》与《共识：与经理人的九封交流信》在万一发布，刘畅和我一起来到院子对话，我们一起回顾转型的三年，共生成长的美好再一次洒满春风又绿的朗润园。开心的是，刘畅也是国发院的毕业生，我们相聚在这里，延续师生情缘。我把对话摘录于此，也特别

感谢吕晓慧老师的主持。[一]

吕晓慧：江湖上一直流传新希望六和转型的神话，三年转型过程中肯定有痛苦的事情，你们是如何面对的？

刘畅：陈老师是研究组织战略多年的专家，并且在农牧和食品行业有很多经验，行内的人尊敬她，现在很多事也需要陈老师出面协调。她来到我们公司，在关键时刻像定海神针一样，大家特别相信她，这是新希望六和幸运的地方。

转型的第一步是建立信任。对于变革是否会发生在自己身上，很多人半信半疑。陈老师在那时出现在我们的集体中，她本来是教师出身，天天苦口婆心地疏导，让我们省了很多沟通工作。对大组织而言，制定一个战略并不困难，难的是六七万人都能理解这个战略，相信这个战略，说出同样一句话。这需要无数次的沟通、不厌其烦的沟通。目前，新希望的转型没有完全结束，这是一个持续的过程。

陈春花：企业很熟悉我，这是做转型比较好的前提条件。

[一] 对话内容来自媒体编辑整理的文章。

大家很信任我,"陈老师说了,我们就去做",这意味着有信任的基础,我可以看起来相对淡定。如果没有信任的基础,我相信不太可能那么淡定。

吕晓慧:现实世界中的转型很困难,企业转型的成功率不到20%。转型时,什么时候用顶层设计自上而下地推动,什么时候又要自下而上更多地发挥员工现场的动力?

陈春花:有三件事必须得顶层做。一是战略转型。刘畅现在就在花很大的力气做未来的战略安排。战略是需要每三年调整的,因为变化太快。二是激励制度。三是共享制度。没有成本的转型是不可能成功的,所以一定要做好整个企业的资源配比。当顶层把这些东西都确定下来时,具体的事情怎么执行,行动方案是什么,交给底层做。这时顶层要包容,要允许犯错。

刘畅:我和陈老师本质上特别不一样。她是教师出身,大家特别尊敬她;我比较年轻,又不是学农业或食品出身。站在别人面前,底气是不一样的。陈老师退一步的时候,我战战兢兢。她在三年里帮助我们年轻的班子学习了很多战略制定的方法和策略。我第一天上任做董事长特别害怕,跟陈老师说"这个帽子大,怕担不起"。她说"没有关系,董事长可以拎包上任,这就是职务"。之后我坚持做的就是跟基层多一点对话,我自己是80后,又是吃货,跟年轻人非常好沟通,这是一个天然的优势。以前，组织像一个巨大的金字塔，董事长很难知道年轻人在做什么。现在，我有很多时间跟年轻的经理人沟通，确保现在领导小组层面以下的80后和90后可以一批一批地成长起来，这也是未来的保障。

吕晓慧：陈春花和刘畅之间好像有非常奇妙的化学反应，陈老师走的时候，如"轻轻的我走了，正如我轻轻的来"，现在一切都好了，有哪些顾虑和期盼？陈老师离开新希望六和给刘畅带来什么样的影响？

刘畅：陈老师很轻，因为她无论走到哪里，都有很多的粉丝。我是真的很重，我很多次试图挽留陈老师，我说"我暂时没有那么快成长起来，希望您多帮助我们这些年轻的经理人"。

陈春花：我在任期结束时坚决地离开，有两个原因。我认为人要自己长大，如果我一直在，可能是很好，但刘畅的成长会受到一定的影响，因为有的事情她不会先决策，她可能会先问我，但现在必须得先决策再问。这时候她已经做出了独立判断，只有岗位才能真正让人成长。学习很重要，但真的要成长还得上岗，必须得上岗。我跟刘永好董事长说走的原因是为了刘畅成长起来，为了新的班子成长起来，这是我走最重要的原因。共同承担责任时，我们好像认识很久的感觉，一直默契下去也挺好，但为了组织成长，我必须咬牙后退。我离开以后，她的发展更好，因为她承担责任时，成长的速度更快。想培养人一定要给他们岗位，不给岗位成长不了。

今天问刘畅，她一定会说"转型没有完成"。我们做的所有事情也是告诉大家要一直变。改变是组织最大的资产，这也是新希望六和最棒的地方。可以一直变的时候，组织不需要担心年轻一代成长不起来。最好玩的就是，刘畅2016年来北大招聘时，来了很多人。年轻的学生为什么踊跃地过来？他们发现新希望六和好像不只是做农业的，我们的形象变了。当年轻人进入公司，我们在战略和组织上都要做安排。好的组织就是能让每个人"拎包入驻"，让每个人胜任岗位。

吕晓慧：今天，很多传统企业面临的问题是如何管理新一代的80后和90后员工。新希望六和的传统价值观崇尚艰苦努力地奋斗，为社会做贡献。2016年，公司招了很多年轻人，如何管理这些新员工？

刘畅：新的年轻人进来以后，组织要关照他们，询问他们的需求，比如，我们给年轻人准备了类似于MP这样的项目。我现在把更多的时间放在年轻人身上，跟他们面对面地沟通。保证他们有上升的空间，能看清未来的路，为他们专门打造一些激励的方案。情感的联系、物质的保障和清晰的上升空间，能够做到这几方面综合在一起考虑的组织，才是安全、稳当的组织。

陈春花：对年轻人来讲，要真正做出成功的事业，艰苦奋斗、不懈追求、持续努力是共识。现在的年轻人需要尽快地被肯定，尽快地拥有平台，尽快地展现他们的能力。现在的年轻人比我们这代人更加着急，你给他们的反馈要快，这也是刘畅跟年轻人直接沟通的原因。我认为每一代人的使命感和责任感都是非常强的，每代人都认为比上一代人更强。我们不能只用自己的想法看一代人。直接对话，提供更多的反馈、更多的机会、更多的肯定，这是年轻人看重的。

脱不花：陈老师说很少办发布会，我们这场发布会办得不像发布会，更像EMBA课堂。从新希望六和卸任后，我们特别关心您会干什么，您到朗润园，作为学生我很高兴，这意味着我们有机会可以长时间地上您的课。您在朗润园的计划是什么，接下来做的事情或者要研究的课题是什么？

陈春花：在朗润园的计划和我一直践行的是同一个计划。中国发展至今已涌现出非常多优秀的企业，贡献适合全球或者被世界接受的管理理论，是管理研究者的梦，我是做梦人之一。我希望能够安静下来做这件事情，但我很清楚这件事是一生的追求。是否能贡献出这样的理论，我不是很确信，但我认为往前走就是我的梦。我想尝试一些新的方式，让更多人知道朗润园的知识宝库。我很想陪伴中小企业成长，现在的小企业谈生死、谈创造，这些小企业会让我感受到更加鲜活的东西，我们在新希望六和内部搞创新平台也是为了这个，我想陪伴一些新的企业一起长期创造新的东西。我希望很多的年轻老师能够有机会跟企业做交流，希望更多老师直接用鲜活的案例给学生上课。这是朗润园在管理学和经济学中形成的特色——知行合一。

万二

万众苑主楼的二楼教室被称为万二，这里是朗润园的制高点。在这里，视野最开阔，你可以俯瞰整个朗润园，甚至可以眺望朗润湖外更远处的城市轮廓。

万二是朗润园最核心的交流场所。在一间再普通不过的教室里，全球政要、诺贝尔奖获得者、著名学者以及优秀的企业家，都在这个讲台上发表过重要的观点。这里几乎每一天都有各种思想与观点的交锋，每一位嘉宾的到来都会让人如沐春风。

2017年的校庆日，这里见证了一个里程碑事件：北大国发院和木兰汇公益基金会成立了第一所专注于提升商界女性领导力的"木兰学院"。

我之所以筹划这个项目，是深知更多人参与，尤其是更多女性参与创新创业，是经济活力的重要组成部分。诺贝尔经济学奖获得者埃德蒙·菲

尔普斯指出:"这种兴盛的源泉是现代价值观,例如,参与创造、探索和迎接挑战的愿望。这样的价值观点燃了实现广泛的自主创新所必需的草根经济活力。"一个国家的经济地位取决于其人民在创新和创业上的国际竞争力,其中女性力量的释放不可或缺,我们需要使经济增长更具有包容性和可持续性。为此,政府、企业界、社会组织必须共同努力,充分释放女性在创造就业和繁荣社会方面的巨大潜力。

尽管在一个更加平等和支持性的环境中,女性领导的企业和男性领导的企业一样具有创造性、创新性以及富有效率,但是仍然存在诸多有碍女性充分发挥创业潜能的内部和外部制约因素，女性领导者的占比依然很低。我曾经连续多年关注《财富》发布的"全球百强 CEO"和"中国百强 CEO"榜单，结果发现，无论是全球还是中国，女性 CEO 的占比只有 4%～5%，如此低的比率让人惊讶，但这是事实。

木兰学院的缘起是何振红社长发起的中国"木兰汇"俱乐部，集结了中国最优秀的一批女企业家，随后发起木兰汇公益基金会，开始牵引女性创业、成长与进步。我有幸成为其中一员，与何振红、何巧女、陈爱莲、韩小红等女企业家们一起策划以教育方式来提升女性创业者和企业家的领导力。这个设想获得了女企业家们的支持，巧女、爱莲、小红等人捐赠出资设立木兰汇公益基金，国发院设立教学支持系统。就这样，全球首个专注于女性领导力的学院，以培养女性商业领袖为目标，全公益免学费办学，得以成为现实。木兰学院计划用 8 年时间，全面提升女性领导力，培养 5160 位面向未来的女企业家。振红、巧女和我三人有机会联合发起木兰学院，振红和我出任联席院长。在北大 119 周年校庆日里，我们齐聚在朗润园，举行木兰学院的开学仪式。

振红说，木兰学院并非全球第一个女子学院，但木兰学院专注于女性创业者和女性企业家的培养，尤其专注于女性商业领袖的发掘和引领，这个使命和定位在全球都是独一无二的。木兰学院以追求天下的美好为初心，用创新的课程设计、创新的组织机制为女性企业家提供了一个成长加速模式。不仅如此，木兰学院由女性企业家捐资筹办，对所有学员都是公益免学费的，这在全球也是独一无二的，堪称一个"新物种"。

王博副校长在开学仪式上表示，几千年来，中国的社会发展一直处于男女不均衡的状态，女性的能力一直在社会生态中受到压制。新中国成立以后，女性获得了更多的权利和机会，这是一个巨大的进步。改革开放以来，女性创业者、女性企业家和职业女性成为社会发展的一道风景和巨大推动力。北大100多年来一直走在女性教育的前列。在女教授的聘用和男女同校教育等多个方面都开时代之先河。木兰学院致力于帮助创业女性和女企业家成长，是一项有创新、有远见的工程。

巧女的发言充满激情，她说，近200年来，真正登上人类商业史巅峰的企业家不超过100人，其中没有一位女企业家。中国超过万亿元规模的企业领军人物中，没有一位女性，掌管的企业营收或市值超过千亿元的也只有董明珠一人。她希望木兰学院能实现三个突破：一是观念上的突破，女性要重新定义幸福和优雅；二是比例上的突破，要有更多的女性企业家突破千亿元的天花板，比例要往20%努力；三是社会要跟着突破，给女性更多的包容和平台。

姚洋老师特别分享了中国女性在整个社会发展中的地位变化，通过中央委员、人大代表等不同群体中的男女占比分析，以及结合张丹丹等不同学者的论文研究，指出中国当下的女性地位相比历史上的高峰时期其实有所下降，其中一个很重要的原因就是女性的自我认知在下降。姚老师表示，未来我们将全面走进知识经济时代，男女在职场和社会竞争中的差异会变小，女性施展才能的机会越来越大，而且女性的强大对整个社会的柔和非常有帮助。因此，木兰学院的开启意义非凡。

在与女企业家的持续互动中，我能够感受到女企业家所要面对的更大的压力和挑战，同时，又可以感受到女性企业家、创业者和管理者所释放出来的美好，给商业以丰富，给生活以丰盛。我分享一个小事例：鸡蛋、胡萝卜和咖啡豆分别放在100℃的水中，本来脆弱的鸡蛋，蛋白都凝固变硬了；本来硬的胡萝卜变软了；咖啡豆没煮之前也是很硬的，虽然煮了一会儿就变软了，但它的香气和味道却融进水里变成了可口的咖啡，向四周散发出香气，用美好的味道感染人。

如果没有这么巨大的压力和这样的环境，咖啡豆并不知道自己有多香。女企业家与商业组合，会遇到不确定与具有挑战的环境，但是我们要像咖啡豆那样，知道一切美好的达成取决于自己与环境的关系，以及自己融合环境创造美的能力。我期待经过木兰学院的学习，女企业家们能够融入环境，成就美好。

让我深受鼓舞的是，在国发院设立"木兰学院"可以更好地传承北大精神。北大早在20世纪20年代蔡元培校长时期，就率先聘请海外归国的陈衡哲女士来校任教，她成为中国第一位女教授；也是在这个时期北大招收女生，首开男女同校之先河。随后在北大的发展历程中，继续把女性成长作为一条主线，成立了北京大学中外妇女问题研究中心，开展女性理论与实践问题研究，并在全国率先开展女性学硕士的培养。可以说，北大有着尊重性别平等的优良传统，更有着支持女性发展的丰厚土壤，在朗润园，我们可以静待木兰花开。

万三

在万众楼里，有一间小小的教室，我称它为万三。

在万三小教室里，我们给博士生们讲如何做面向中国企业管理实践的研究，希望有关中国领先企业的管理案例能够点燃年轻学子们内心的火花，为他们未来的研究埋下梦想的种子。

开设这个课程，源于对中国管理模式的研究。为了更好地研究中国管理模式，在成思危先生的指导下，金蝶集团在 2008 年联合国内六大著名商学院/管理学院共同发起公益项目，创立了"中国管理模式杰出奖"（CMMR）。这是第一个针对中国内地企业管理实践成就的荣誉奖项，旨在奖励中国内地企业中具有杰出管理创新理念和成功实践的企业。2012 年，我从成思危先生手中接过这一责任，与徐少春主席、各位专家一起继续推进找寻中国管理杰出模式的工作。在项目实施 10 周年之后，我和少春主席又联合发起"中国管理模式 50 人论坛"，中国管理模式杰出奖理事会升级为"C50 +"论坛，论坛的使命就是致力于促进理论与实践的对话、交流与合作，洞察和研究企业管理的本质，发掘中国企业引领超越的力量。首届"C50 +"论坛由 25 位企业家和 25 位学者共同组成，以业界与学界

直接对话的方式进行。

从中国企业成功管理实践案例看，研究中国管理模式可以从三个视角出发：第一个视角，中国管理哲学，寻求其思想性（新商业文明及价值观创新）。第二个视角，现代管理科学，解决科学性问题（管理方法与手段创新）。第三个视角，成功管理实践，总结创新性（管理模式与价值创新）。我们以这三个视角去评价中国企业的管理实践，寻找、发掘那些凝聚着中国智慧和时代价值的企业管理实践，这是该奖项的初心，也是它的未来。

从设立这一奖项开始，有关是否存在"中国管理模式"的话题从未间断。有人说，对于"中国管理模式"一词，只认同"管理"两个字，对"中国"和"模式"都不认同。管理学界则普遍认为，中国出现真正意义上的企业及其管理尚且为时不长，科学管理体系、制度规范不成熟，据此分析或概括出某些模式都不容易，更别提"杰出"了。那么，为什么我们还是坚持探讨中国管理模式呢？是因为我们相信，未来中国的企业实践一定能贡献出自己的理论价值。在条件尚未成熟的状况下明确地提出中国管理模式这个概念，是因为我们的目标就是要研究中国企业的管理实践，这个概念的提出可以清楚地界定我们的研究对象就是中国企业。

也正因为如此，从2008年发起至今，CMMR始终坚持走进企业实地调研，面对面访谈了大量不同行业、不同规模的企业最高层，包括400多名董事长与首席执行官（CEO）、2000多名企业高管等，获取了超过150万字的最翔实、最真实的第一手资料，并逐步建立了中国管理模式研究范式。

中国管理模式杰出奖的遴选,让我们接触到很多优秀的企业实践案例。如何用科学规范的研究方法深入研究这些鲜活的企业实践,则是学者需要贡献的价值,我们决定组织博士生培训,由5位老师轮流主讲,聚焦于研究方法与理论分析探讨。

中国人民大学商学院的叶康涛教授讲授了"从定量研究看案例研究"以及他总结的研究七步法。叶老师认为:"无论是哪一类案例研究,都有一定的严谨性要求。基于这点,我们需要掌握规范的定量研究方法来展开案例研究。"

北京大学汇丰商学院的魏炜教授以"商业模式的理论与实践"为题展开指导。魏老师从"商业模式"的定义讲起,深入分析什么是商业模式以及如何设计商业模式,沿着商业模式实践中的问题展开研究的线路,最后建议大家,培养建设一个学术和实践的生态系统,并专业地去做事情,这样就可以提高你的研究效率。

东南大学经济管理学院杜运周教授为大家带来的是"用新方法论弥合管理理论与实践的脱节"。杜老师先从管理理论与实践脱节的问题说起,在他看来,因为二者的脱节,研究中经常会发现严谨性和实践切题性之间的矛盾,而集合分析是解决这一问题的一个途径。定性比较分析(Qualitative Comparative Analysis,简称QCA)更聚焦于集合分析,是一种整体的分析。QCA 是使用布尔代数与集合论的思想来进行定性与定量的跨案例的比较研究，它可以同时处理多个条件的组合与结果之间的关系。QCA 关注的是组态，以及组态对于结果的影响。它会把所有的要素看成一个组态中的构成要素，这会更贴近实践的真实情形。

金蝶集团的郝登峰从实践的视角带来分享。他直截了当地问学生们：如果我们把大量的中国本土企业案例抽象起来思考，中国企业会不会有一种自己的管理范式？这个范式也许不是泰勒的科学范式，也未必是日本的范式或者美国的范式。中国改革开放近 40 年之后，中国企业有没有自己的范式？到今天为止，我们还在努力求索，但我们更希望能连接更多的力量，一起加入中国管理模式的探寻之路，找到中国企业的管理创新范式。在这个使命的驱动下，中国管理模式杰出奖理事会包括金蝶的使命，就是解决企业的真问题，我们为解决问题而来。

我则以"管理研究与管理实务的合一性"为题与学生们展开交流。我先从管理理论的回溯讲起，去看已有的大部分管理理论是什么时候出现的。结果发现，管理学领域中的大部分理论都是在 20 世纪 50 年代到 80 年代之间出现的。这段时期正是欧美经济快速发展、工业化进程非常快的时期，管理实践层出不穷的创新需要管理理论来解释，所以，研究与实务本源归一。在此认识基础上，我介绍了"两进两出"的管理研究与管理实务结合的方法论，并建议大家做好研究的基础工作。一是进行长时间的、近距离的观察和体验；二是有研究方法论来确保有充分的理论依据；三是有完整的知识储备。

时间转到 2020 年，中国企业上榜《财富》世界 500 强的数量第一次超过美国，中国涌现出大量的优秀企业实践案例。在今天探讨和研究中国管理模式，把论文写在祖国的大地上已经成为共识，让更多年轻的博士们去面对中国管理实践，研究寻找中国管理模式的理论价值，是我们共同的责任。

回廊一

第四庭院与第五庭院由一条回廊连接在一起。这条回廊让两个庭院空间相对独立却又融合为一体，我以此来探讨"连接"的话题。

连接带来的价值在数字化时代显现得更加突出。连接比拥有更重要。

2016 年被称为"知识付费元年"，一系列标志性事件让知识付费渐渐成为时尚。随着付费语音问答平台"分答"上线，"得到""知乎 live""喜马拉雅""豆瓣时间"等不同模式的知识付费产品在市场上崭露头角，一时间，知识付费成为一种重要的发展趋势，与之相关的内容创业成为风口，让以传播知识为职业的人有点错愕甚至不解。

知识付费现象主要指知识的接收者为知识阅览服务付出资金。这是一种非常有意思的连接。知识付费不是为"知识"本身付费，而是为筛选知

第五庭院

识、提供知识的服务付费。知识付费让知识的获得者间接向知识的传播者与筛选者支付报酬，以知识作为载体，却是为获取知识的服务付费。最典型的例子应该是读书会，人们付费给阅读书籍的服务，而不是书籍本身。

这是一个新物种，完整呈现了"连接"的数字技术特征。连接的数字技术特征，让相对小众的知识产品一下子普及到大众。一家知识付费公司通过搭建知识传播的平台，连接了数量可观的跨界资源——除了老师之外，媒体人、投资者等原本游离于教育行业之外的个体均被纳入系统。通过这个平台，收听者可以接收到更多元化的知识。但是平台本身并没有改变教育的实质，无论形式还是内容都遵循旧法，只是媒介从线下搬到了线上。一位大学老师的一门课程，如果是线下授课，一年时间，能够参与学习的学生数量有限，但是，借助于知识付费平台，同样的一门课程可以拥有几十万学生。

我一直对数字技术效应感到好奇，也特别关注新物种，因此在袁璐、王霞和白婕的鼓励下，决定尝试一次知识付费课程。虽然我在 2015 年时曾经尝试过在微信上讲一堂 90 分钟的课，那堂课有超过 10 万人同时在线学习，当时给我的震动非常大，让我切身体会到"在线、连接"的力量，但那是一次免费尝试，还不算是知识付费。这一次，我想尝试付费课程。

我决定讲一堂 90 分钟的课程——激活团队的必备能力，这也是我研究《激活组织》时的一个发现。我们处在一个英雄辈出的时代，一个集合智慧的时代。每个人的智慧需要交织在一起为共同的事业奋斗，由此引出了团队这个概念。按照定义，团队是由一群认同并致力于达成共同结果而努力的人的组织。这并不是一个特别热门的话题，我也想借此测试一下效果：一个不太热门的话题可以吸引多少人参加。这无疑加大了授课的难度。

我从《乌合之众》讲起。看过这本书的人都知道，人群、团队有众人划桨开大船的优势，同样也有一些致命的缺陷和严峻的挑战，主要包括以下几点：社会惰化、"搭便车"、弱化的"个人绩效"、个体阻力和成员多元化。这些缺陷或者挑战，导致组织无法获得整体最佳绩效。我们需要的是团队，不是乌合之众。在一个巨变的环境中，只有认识到个人的局限，并借助于组织力量实现与环境的互动，才能驾驭变化。

这是一个极具挑战的时代：一方面，个体变得更加强大，个体所拥有的知识、能力、信息以及独立的程度，使得个体更明确地了解到自己的需求与价值；另一方面，组织变得更加强大，组织所拥有的资源、平台、机会以及聚合影响力的程度，使得组织更明确地显现出自己的属性与价值。

这两个看似矛盾的存在却有着另一层意义需要管理者理解，那就是，拥有强大个体的组织，会具有更强大的影响力，以此来驾驭不确定性；同时，强大的个体也需要嫁接在一个强大的组织平台上，才会释放出个体巨大的价值。

我特别欣赏任正非说过的一段话："一个人不管如何努力，永远也赶不上时代的步伐，更何况在这个知识爆炸的时代。只有组织起数十人、数百人、数千人一同奋斗，你站在这上面，才摸得到时代的脚。"

这是一位领导者所需要具有的认知，数字时代对领导者的要求更高，领导者的角色由命令角色、信息角色、人际角色转变为布道者、设计者和伙伴。领导者通过"布道"，帮助员工在信息过载与不确定性中拥有稳定的思想意识、价值观念；通过"设计"，把梦想嵌入产品与经营中，嵌入组织与制度体系中。领导者如果要成为伙伴，还需要抱有关爱之心、包容与亲和力，更重要的是要学会成为一个被管理者。

这是我在 90 分钟的课程里与大家分享的主要内容。坦白讲，我选择了一个稍微小众一点的话题，但是想不到竟然有 7 万多人在线，问答环节更是此起彼伏，听众意犹未尽。由于时间关系，我只好答应听众在后台留言提问，我会通过邮件回复问题。

一切都很顺利，我看着跳动的信息、打赏的红包以及热烈的讨论，觉得很温暖。温暖知识带来的定力，温暖华章团队和渠道伙伴带来的动力，温暖在线听众带来的活力，温暖技术带来的惊喜。这真是一个一切皆变、一切皆在的时代，这也真是一个改变总会带来惊喜的时代。

看到一位朋友的留言很感动，他写道："北京时间晚上 8 点，巴黎时间下午 1 点，零时差直播，20 多年后终于有机会再次'现场'听陈老师讲课，幸福满满，感恩科技进步，感谢老师勇于尝试。"

技术赋能教育所带来的效果超出我们的想象。2017年，我认识了智慧树——中国最好的在线大学通识学分课程服务平台。他们抱持"技术赋能教育，推动教育公平"的理念，默默坚守、持续创新，帮助了2000多所大学的学生享受了最好的教师资源。受他们感染，我也决定为本科学生开设一门通识学分课。我邀请了华中科技大学的廖建桥、中国人民大学的章凯、华南理工大学的曹洲涛、上海大学的刘祯、青岛理工大学的乐国林、西南交通大学的唐春勇、北京航空航天大学的武欣、天津科技大学的张洪霞、北方工业大学的罗文豪，我们10位来自不同学校的组织行为学领域的老师，在2018年秋季上线了"领导力与高效能组织"通识学分课程，并获得了年度新开课程的第二名，一个学期获得了276所高校、4万名学生的选修。截至2020年，已经有471所大学、15.81万名学生进行选修并取得学分，技术所创造的价值令人感叹。幸运的是，这门课程被教育部认定为"2020年首批国家级一流本科课程"。

我决定继续新的尝试，用技术赋能组织学习，于是成立了知识实验室（简称知室），和葛新一起探讨如何利用数字技术让学习与工作高度契合，让学习与绩效直接相关，让组织因学习形成共识。知室团队依然在持续创新中，数字技术也的确正实实在在地赋能企业的组织学习，并推动着企业绩效的成长。

每一次新的尝试，总可以写在美好里，刻在记忆里。在不同的时空中，我们因连接而相遇，生发出新的价值。

第六庭院

第六庭院由北面一栋两层的办公楼、南面游廊办公室，以及两个回廊组合而成，这是朗润园的中心地带。

北面办公楼的一楼有三间用以交流的小会议室（611A、611B、611D），我们常常在这里与相关机构探讨合作事项，也在这里倾听合作伙伴的创新分享。

我们在611B与APEC中国工商理事会青年企业家委员会交流时，感受到企业发展的不同脉络。2006年，全球最具价值的公司是资源型公司，以能源、通信公司为主。到2016年，则是一批互联网公司，比如亚马逊、谷歌。相信到2026年，全球最具价值的公司会变得完全不一样。这些变化提醒我们，改变是最重要的选择。

我特别关注到两个变化：第一，企业不再简单地满足顾客的需求，更多是在创造需求。如果仅仅是满足顾客需求，企业可能会相对比较被动，而创造需求、启发顾客，可以在和顾客的互动中获取成长和新的商业机会。第二，甚至在创业阶段时，企业就已经实现了全球整合。以前我们觉得中国企业走出去是件很难的事情，但现在很多创业公司如抖音、SHEIN，一开始就选择了全球整合的行动：最好的技术、最好的人才、面向全球市场，它们对未来的判断、对价值的理解都基于全球视角。

这些变化要求我们在更大程度上升级自己的认知能力。智能商业的范式革命让商业在快速智能化，向智能商业升级是工业革命以来最重要的商业范式大变革，将从根本上改变一切商业运作的基本规律。

在611D与5位商学院教授一起探讨了一个话题：数字化生存模式下的重新定义。不仅是商业的重构、业态的重构、产品的重构、组织的重构，管理也需要重构。我在所研究的组织领域发现：最大的改变是，组织效率不再只来源于分工，更来源于协同。

组织变成智慧集合的地方，不再仅仅是工作集合的地方。如果仅是工作集合，年轻人就不一定要来这里。他们关注的是，能否学习到新东西，能否快速成长，能否激发自我潜力，能否获得知识沉淀，如果能，他就愿意来到这里，这样的地方是智慧集合的组织。

因此，在管理重构方面，有四个部分需要被重新调整：第一，组织功能要改变，不能用管控方式，而要为成员赋能，如果不能赋能成员，这个组织就没有办法吸引更多人加入。第二，领导者要变，数字技术背景下，人人可以当CEO，领导者不再是一个人，而是一组人。第三，组织本身要成为一个知识系统，其组成部分包括数据平台、智能平台、深度学习平台；组织不再是传统意义上资源、权力分配的地方，而是一个知识、数据分配的地方。第四，组织管理未来最大的挑战是，如何让组织具有可持续性。传统组织通过目标开放解决持续性问题，但现在组织所面对的问题复杂程度更高，实现组织的可持续性需要进化和数字化、智能化的行动。学者们都在探讨，如何用一个词描述未来的组织管理，虽至今还未达成一致，但组织管理几个最重要的特征已经被确定下来，如进化、协同、智能、像水一样、融合边界等。

和 5 位商学院教授的讨论给我最大的感受是，企业界的创新已经在驱动时代进步，学界也应该与时俱进。企业界说："这是时代赋予我们的机会，我们不能错过，如果把握不好，错失的不是机会，而是这个时代。"其实，对学界来说也是一样的。

手印砖

第六庭院内的小道上，镶嵌着一排手印砖。

我在朗润园偶遇过很多特殊的印记，其中一处就是院内小道上的这些手印砖，这是每位捐赠校友在学院的留痕，也让后来者时时领略朗润园的公益之心，这"心"融入时光，是选择，更是习惯。

参加商学院戈壁挑战赛，BiMBA 同学们的习惯是把公益行动一并带去。从捐建 BiMBA 希望小学开始，公益项目是每一届参加赛事的国发院戈壁战队最重要的一项活动。我首次与国发院同学参加戈壁挑战赛，同样也参与了公益活动。戈 12 公益活动是去瓜州南岔镇中心小学，给孩子们带去国发院校友们捐助的图书和打印机。随后几届戈壁挑战赛，同学们在瓜州捐赠设立"瓜州图书馆"，开展帮扶当地企业活动，捐赠支持瓜州政府管理者和当地企业家到朗润园学习，等等。

戈12的公益活动给我的印象最深。我们在一个黄沙天来到南岔镇中心小学操场，孩子们整齐地列队，我们也整齐地列队。一个六年级小同学代表发言，她落落大方，让人欣喜。看着孩子们欢笑的样子，受教育的其实是我自己。当校长邀请我们大合影时，怕举旗的孩子被遮住，国发院的同学们把孩子们高高地举起来，我想感到幸福的一定是同学们自己。

喜欢BiMBA同学们做的这些事，感恩给我们一个机会亲近小朋友们。我问一个六年级的同学他的梦想是什么，想不到他回答说"当老师"，这让我太开心啦。我对站在一旁的老师说"您一定是做得很好"。看到一个二年级娇小的小同学，便和她交流起来，她告诉我她的语文很好，我问她会背诗吗，她说会，就背了一首诗，她的同学们也跟着大声朗诵起来，那骄傲而纯净的声音是我听到过的最美的读书声。我在心里暗暗地想，也许有一天我们会在朗润园里再相遇。

去南岔镇的路上，两旁是高大笔直的杨树，遒劲有力；刚刚冒芽的棉花、向日葵，生机勃勃。一望无际的原野，旷达辽阔。

喜欢瓜州，因为这里是草圣张芝的故乡。这位被王羲之推崇备至的书法家独创了"一笔书"，亦即所谓"大草"，使草书得以从章草的窠臼中脱身而出，从此使中国书法进入了一个无拘无束、汪洋恣肆的阔大空间，从而使书法家的艺术个性得到彻底的解放。我自己喜欢的狂草大师怀素也承认从二张（张芝、张旭）得益最多。

因公益，得以看见自然纯朴而又自信的孩子们，亦感悟到草书的境界：行云流水，形神兼备，数意兼包，我想这不正是朗润园的特质吗。

在迎接中国共产党成立一百周年的重要时刻，我国脱贫攻坚战取得了全面胜利，创造了又一个彪炳史册的人间奇迹！国发院以其"智力帮扶＋教育帮扶＋产业帮扶＋政策帮扶"的模式成为北京大学脱贫攻坚的杰出代表，获评全国脱贫攻坚先进集体。

从 2013 年开始，北大国发院便加入了北大定点帮扶弥渡县脱贫工作，在学院的组织下，10 多位老师参与其中，也带动了众多校友深度参与，不断为产业扶贫、教育扶贫、智力扶贫等出谋划策，并发动更多公益、慈善资源助力弥渡，涌现出了 EMBA2003、EMBA2008、EMBA2017 等不少扶贫攻坚班集体和众多卓越的扶贫攻坚校友。他们以支教、培训中小学教师、打造创新课堂、捐赠图书和助学金、捐建校园配套设施等多种形式，大力改善当地基础教育水平，阻断贫困的代际传递，孕育弥渡县发展的内生动能，强化其"造血"能力。其间，校友企业家根据自身优势，与相关职能部门建立起"一对一"结对帮扶关系，同时开展多方面合作洽谈。结合弥渡在地方野生茶的农业特色，校友们还发起"心田耕耘"计划，以产业化改造促成当地茶产业发展提质增效，邢惠清老师不仅多次到弥渡进行组织工作，而且还带领更多人购买当地农产品，老师们踊跃参与。在 2020 年新冠肺炎疫情期间，以其仁老师为代表的国发院师生第一时间想到弥渡的困境，及时采购了大量口罩、额温枪等防疫物资，解决了深山里师生们开学面临的当务之急。这种如亲人一般同呼吸、共命运的牵挂，感动了弥渡无数师生，他们多次寄来感谢信，为岁月留下一段佳话。

在工作群中看到其仁老师再次到弥渡调研的照片；在校友群中看到 EMBA2008 级校友在云南弥渡打造"梦想教室"的场景；不久前又看到胡林、贺涛和胡捷发来一组照片，是 EMBA2017 级校友和弥渡孩子们的合影，原来又有一批弥渡的孩子考上大学，得到一对一的帮扶，每一个孩子都是战胜贫困的中坚力量。

管仲言:"善人者,人亦善之。"在商学教育中,培养有责任的领导者一直是我们所秉持的理念。在朗润园所内化的善之习惯会助力朗润学子,成为为人类福祉做出贡献的有责任的领导者。

灰瓦

朗润园以古建园林为主要风格,红廊灰瓦成为整座园子的主色调。

不过有意思的是,每每走入这里,望着飞檐灰瓦,我却总是会联想到"秦砖汉瓦"。

曾到东莞唯美陶瓷参观，惊喜地看到"秦砖汉瓦"，西汉时形成了"秦砖汉瓦"和木结构的完整的建筑结构体系，史称"土木之功"，令人赞叹。平实与华美创造性的组合，透着力量，烘托着一个民族的韵味。瓦当上的图案随着时间，从猛兽动物，到云彩纹饰，再到花草、描述日常生活的文字图案。图案的变迁，也展现了人们自我认知的演变。故宫瓦上精美绝伦的龙腾，孔庙筒瓦中岁月的斑驳，一块瓦，窥见时代，一砖一瓦一世界。

唯美陶瓷用心梳理了建筑陶瓷的历史，从最古老的穴居开始，建筑陶瓷就深深地融入先人的生活。我惊奇地发现秦朝下水管道是五角形的，看说明才知道，这个形状有利于上下叠放，让水直接分流。有些时候我会疑惑，较之古人，我们是落后还是进步呢？如何传承，如何创新，应该是永恒的追问。

在构想燕大校园之初，司徒雷登校长和校董会成员"从一开始就决定按中国的建筑形式来建筑校舍，室外设计了优美的飞檐和华丽的彩色图案。而主体结构完全是钢筋混凝土的，并配以现代化的照明、取暖和管道设施。这样，校园本身就象征我们的办学目的——保存中国最优秀的文化遗产"。

新生入学，大源老师都会来为他们讲一次朗润园的历史。大源老师告诉同学们:"致福轩这里,在清中后期奕䜣时代,曾作为军机处,是重要的议事机构。然而,由于时代的原因,当时的改革并没有成功。幸运的是,你们今天赶上了好的时代。而这个时代,可能是百年、千年都不曾有的好时代,同学们一定要抓住时代赋予的机遇。"带着同学们漫步在朗润园,大源老师让大家一边感受中国古典建筑的美学意蕴,一边思考着自己要担当的历史重任。

建筑承载着许多意义。朗润园的一砖一瓦、一屋一廊、一窗一门、一亭一宇,都努力把不同时代的精神引入到现实教育中。这个古建园林的空间,为真正的思考者、学习者提供了通往自明的道路。我们安处在这个庭院里,暂时抛开与外部的关联,让心更加敏锐,思想更加专注,体味知识本身所蕴含的意义。

灰瓦宝顶,使阳光均匀地散落下来,让阳光因此而变得柔和一些。从屋顶、墙顶到红柱、绿栏,灰色中和了红绿两色,让整个院子有着素雅的色调。庭院在中国最传统的色调中弥漫着岁月的清新,也使来者领悟平和谦逊的厚重。

漫步在朗润园,不期然,想起乾隆感叹陶瓷那一句"静中见动青山来"。

红枫树

第六庭院有一株红枫树,在一片葱翠之中显得生机勃勃,这棵孤植的红枫树怡然自得,很有"红袖善舞翠云间"的魅力。

如何在不确定性中获得确定性,是我邀请薄连明老师来担任 BiMBA 特聘实践教授的原因。我们相识在 TCL,共同迎接了 TCL "鹰的重生"的挑战,度过了 TCL 核心业务新战略发展的关键期,我也见证了华星光电在薄老师的带领下腾飞的美好。薄老师接受邀请来到我们的 EMBA 课堂,给同学们带来了新感悟,我借用同事张彤老师的课程侧记来呈现。

"知之真切笃实处即是行,行之明觉精察处即是知。"讲到王阳明这句话时,薄连明老师在白板上一笔一画地写下:真切、笃实、明觉、精察。TCL 集团前总裁、现深圳光峰科技合伙人、CEO 薄连明说起话来慢声慢语,但细细品味,每一句都切中要害。企业运行也有自己的基本问题,或者说两大难题，一是战略与运营的脱节，战略找不到落脚点，运营找不到方向；二是战略、运营、绩效之间的循环不封闭，找不到螺旋式上升的基本路径。那些下定决心读 EMBA 的企业家或高管，谁不曾在这两大难题上"山重水复疑无路"？两天的"战略与运营的高效契合"课程，能让他们柳暗花明吗？在薄连明看来，企业家就应该有这样的终极目标，因为构建企业机器虽非易事，却也有章可循。

在高校教过管理学，在深圳航空打造过"全民航的盈利冠军"，在 TCL 参与经营管理 18 年，跨界给了薄连明独特的视角与体验：从管理理论到企业实践，再从企业实践到管理理论——薄连明创建了全景式管理模型、战略推演方法论和组织激活的齿轮理论。其中，全景式管理模型为企业机器提供了一个架构：人成为决策的核心，通过对企业内部政治、经济和文化三个维度的评估，找到企业变革的突破点。对这一理论的实践直接促成了 TCL 在国际并购受挫后的"鹰之重生"。

4.5 亿元和 8.7 亿元是他在两天的案例授课中反复提及的数字，之间只差了一个"战略研讨会"。2012 年底，薄连明临危受命，成为 TCL 投资的一家公司的负责人。一开始，李东生设立的 2013 年年度利润目标是 4.5 亿元，薄连明一来便带着高管团队开了两天的战略研讨会。会后，他拍着胸脯对李东生说："我今年可以做到（利润）8.7 亿元。"可就是这样一个数字,还是"留有余地"——仅仅用了半年,薄连明就把利润做到了10亿元。这究竟是怎样的战略研讨会?他又是如何使战略与运营"高效契合"的?

"授人以鱼,不如授人以渔",薄连明把他做了无数次的战略研讨会流程"原汁原味"地呈现给了同学们。

正如薄老师在课程立意中所言:"我没法告诉你答案,但可以告诉你找到答案的路径。"他所坚持的就是"战略与运营的高度契合",把外部的不确定性转化成内部的确定性,他说自己是"方法论的崇拜者和探索者",也正因为如此,在每一次挑战面前,有效的方法论都能使他驾轻就熟并从容找到自己的答案,也如这棵红枫树一般,'红袖善舞翠云间',怡然自得。

回廊二

回廊二刚好处在朗润园新旧建筑的接合部,它的西面是复原重修的朗润园古建筑群落,东面是新增加的建筑群落。回廊使新与旧有机地融合在一起,让二者浑然一体,也使第三庭院与第六庭院合围在一起,偏得了一方小小的独立天地。

每到毕业季,回廊成为同学们照相留念的最佳打卡点。笑声、笑脸与回廊的组合,总是让人欢喜,是幸福,是收获,更是启航。同学们由此刻开始,成为为社会持续创造价值者,成为创造无限可能者。

最近几年,两所学院带给我不同的毕业季感受。

质朴不失活泼,独立亦能融合,内敛而有张力,求知合于笃行,这是华南理工学生的画像。华南理工让学生明白,外在环境不再是约束条件,成就的关键在于自身:取决于自己的梦想和目标的牵引,及由此而来的定力;取决于自己的学习力,及由此而来的创新力;取决于自己的合作能力,及由此而来的智慧。所以,从这一刻起,学校希望学生们归零,重新出发,开启全新的、更广泛的学习,在这个重新定义价值的时代,去创造属于自己的价值。

高松校长说:

> 面对未来世界的多样性和不确定性,引领未来的人才应该具有以下特质:首先,他具备强大的自我学习能力。未来的不确定性需要学生自己去探索,教育要帮助他能够在未来面对新问题时,想要去学习的时候可以自我学习。其次,他拥有强大的思想力。思想形成判断,判断凝聚共识,共识带来确定。正是在不断地思考、探索、质疑的过程中,人们才能不断发现新问题,实现新突破,产生新创造。再次,他能够在真实世界里采取有效行动。学习和思考很重要,但最终改变世界的是人们的实践与行动。学习力、思想力和行动力,这三者不是简单地相加,而是相乘,其结果便是创造力。即创造力=学习力×思想力×行动力。这一想法,与华南理

工大学"博学慎思,明辨笃行"的校训不谋而合,都强调学问、思辨和行动三者的统一。

国发院毕业典礼,黄益平老师的主持依然带动全场高燃,嘉宾致辞总会引发内心震撼。姚洋老师说:

摆脱平庸,抵制邪恶,并不一定需要我们做出一番轰轰烈烈的事业。从身边的小事做起,集腋成裘,我们就足以成就伟大。在这里,我想告诉大家的是,自尊是成就伟大的起点。自尊就是尊重我们内心的那个伟大的灵魂,同情心、同理心,对家人的热爱、对国家和民族的责任、对生命和自然的敬畏……正是这灵魂,让我们成就伟大。

维迎老师说:

再过50年、100年重写世界发明创新史,中国能否弥补过去500年史上的空白?答案很大程度上依赖于我们能否持续提升中国人享有的自由。因为,只有自由,才能使中国人的企业家精神和创造力得到充分发挥,才能使中国变成一个创新型国家。因此,推动和捍卫自由,是每一个关心中国命运的人的责任,更是每一个北大人的使命!不捍卫自由,就配不上"北大人"的称号!

刘震云先生说:

什么叫先驱呢？当几万万同胞还生活在当下的时候，他们在思考这个民族的未来，为了自己的理想——不切实际的理想，甚至献出了自己宝贵的生命。每一个知识分子的眼睛都要像探照灯一样，更多的知识分子、更多的探照灯，才能照亮这个民族的未来。如果这些探照灯全部都熄灭了，这个民族的前方是黑暗的。这个民族最不缺的就是聪明人，最缺的就是笨人。

"自尊是成就伟大的起点。""自由是一种责任。""知识分子要像探照灯一样，照亮这个民族的未来。"同学们从毕业起，已然开启了担当责任、成就伟大、照亮未来之途。

毕业的确意味着不同，不是简单意义上的人生里程碑，而是品质与秉性意义上的成长。成长的力量来自学习，本质是一种意愿，是一种自我扩充；成长本身就是将所学转化为实际行动的过程；真正懂得学习的人，必然懂得自我约束，以此促进自我的心智成熟；感受精神的成长，是毕业季最幸福的收获。

学生的毕业礼也是一次老师的毕业礼，我们一起成长，彼此加持。

    鲜花与穗带，
    嵌着过去的荣耀。
    我只想知道，
    当你把学帽
    抛向天空的时候，
    你是否愿意，
    为了梦想、爱
    以及生命的奇遇，
    迈出每一步，
    哪怕前途未知。

云来碧透，骄阳庭阔。学以成人，祝福大家！

朗润湖

朗润园的殿宇四周为曲溪和湖泊，这些水系就是朗润湖，也是北大的后湖。据介绍，"朗润园北枕万泉河，有活水可引，因此园内以水景取胜。水从西北角引入，绕岛蜿蜒盘绕，最后由东北角流出，其间忽宽忽窄、或溪或湖，如诗如画"。湖边是整齐高大的垂柳，湖中有大片的荷叶，岸边散落着小院，弯曲的小径旁杂草繁茂。

这一带应该是北大校园最安静之处，可听到蝉鸣、喜鹊细语，可嗅到荷香、柳的青涩味道。这里有恒常不变的韵味，又有日日常新的微妙。我喜欢朗润湖比未名湖多一些，常常在傍晚围湖跑步，在这片安静之地，尽情地放飞思绪。

"如何看待责任与自由"是组织管理中最常遇到的问题。尤其是在数字技术背景下，个人价值崛起，个体独立自由的意识强化，这一问题显得更加突出。

陈洁推荐我去看由易卜生创作、陈数主演的《海上夫人》。我看完后很感慨，这出剧明显地呈现出易卜生的风格，呈现了女性在精神层面的逃离和自我掌控下的挣扎。

剧中被称为"海上夫人"的艾丽达和丈夫房格尔居住在靠近海边的山地小城市。整座城市对艾丽达来说是一个封闭的地理空间，就连从小在这儿长大的房格尔的两个女儿，也感觉到与世隔绝。

"海上夫人"那种必须按照既定的条条框框生活给内心带来的压抑和

压迫，让人感到窒息。她唯一的愿望就是逃离这里，可一旦做出选择，她就必须承受选择的后果。

易卜生在《海上夫人》中写道："人要有选择的自由，并且还要自己负责任。"

在剧中，艾丽达有一句台词："一个人要是过惯了陆地生活，就没法再回到海上去了，也不能再过海上生活了。"正是这样的内心认知，使得艾丽达最终做出了选择——一个理性的选择，而这个选择也使艾丽达升华成一个心智完整的人。

易卜生认为，问题的关键不在于选择什么样的道路，而在于拥有选择走自己道路的权力。人只有在享有精神自由的情况下，才会有生气，才能从死亡的阴影中走出来。"海上夫人"做到了。

人有对未知世界的向往以及对自我精神的自由追求。但是，在向往与追求的过程中，需要完成内心自由精神的华丽蜕变，在体味内心细腻转化之时，承担起责任，对完整的人格更有信心。

这需要我们学会做"时间的朋友"。一位同学告诉我："那5年，我每天都是四五点就起床去摆摊。我始终相信，人生总要为自己拼搏一把，就算一次也好。"与这样的学生在一起时，我看到了时间的价值。

我们花了10多年的时间去探索中国管理模式，虽然一开始遭到质疑，但10多年时间下来，通过调研已看到超过百家优秀的中国企业成长并走出了自己的管理模式，我们深受鼓舞。而今，更多人加入对中国企业管理模式的探索中，使我们的信心也越来越足。其实，不需要说什么，时间会以自己的方式赋予价值。

《说文解字》中有言："十，数之具也。'一'为东西，'丨'为南北，则四方中央具矣。易，数生于一，成于十。""生于一，成于十"就是这样。

启动木兰学院项目，一样是做时间的朋友。木兰学院开学时，我试着以卜算子的词牌写下"静待花开"的诗句：

花如水波柔，木是山峰巅，欲从登攀学行去，此为盈盈处。
已有鸿鹄志，而今从头越，可到东西赶大潮，万千美常驻。

虽知平仄未达词牌之要求，但是因调名本意即为歌咏占卜测算的小曲，颇有对未来女性领导者发展的预测。照此而做，希望通过8年的努力，提升5000多名女性企业家和创业者的领导力，也期待女性企业家与创业者的占比可以达到20%。

木兰学院首期57位成员分布多元，覆盖近20个行业，其所在企业中，上市公司共15家，占比25.86%。企业总市值/估值达到10 699.47亿元，平均每家企业市值/估值为201.88亿元。首期创业班也按计划如期开班，120位女性创业者脱颖而出，创业是一个独特的选择，它需要极大的心力，需要持续地超越自己，这真的不容易。我们在朗润园因木兰学院相遇，在今后成长的路上，会多一份加持。

一位创业者学员说："这条路上免不了荆棘遍地，或许会遍体鳞伤，但只要穿过荆棘，就能看见春暖花开。"每一个创业者都是一个自我觉醒者，也都是时间的朋友。

"自问'我可以贡献什么'"，这是德鲁克给管理者的忠告，我也常常以此问自己。在他去世的那一年，我写下了一段文字：

> 了解了德鲁克先生，你就会了解这种内心的冲动缘何而起。这是一种来自鸿蒙的责任和道义，对土地、对人类、对国家、对文化、对历史、对人生，都是那么热切地关注，都是那样地感同身受。了解了德鲁克先生，你就会了解管理者的责任。我们可以借助于德鲁克先生清晰而明确的阐述，了解管理者真正的价值和贡献，也只有对管理者价值的热切关注，才会释放管理应有的效能。对于德鲁克先生来说，企业管理者远不仅仅是现实意义上的绩效承担者。事实上，他知道有一个巨大的空间存在，他更清晰地知道这个巨大空间所蕴含的历史，他因此领悟了自己的宿命。如果没有对于这一切命题的真切感受，如果不是对于世事和管理的痴迷，我想不会有德鲁克先生这些透彻的思考和精确的阐述。

我们欠缺的是否正是这种内心的冲动呢？

一早去朗润园给财经奖学金班的学生们上课，在媒介成为一种全新的公众信息与对话载体时，从业者的挑战更加突出，每次与财经奖学金班的同学们交流，更感受到他们内心的冲动以及对责任本身的意识。

作为中国新闻界最受尊敬的奖学金项目，该奖学金项目依托北大国发院的顶级师资和多元化课程体系，向从业者提供有针对性的理论指导和业务培训，而获得奖学金来到朗润园学习的同学们，也都是本领域的佼佼者。我们期待通过课程，能够以更宏观、更科学和更历史的视角观察和思考中国正在经历的内部变革和外部冲突，成为有责任感的、眼光长远的、具有洞察力的人。既能从专业视角解读世界，亦能在重大命题上梳理出通透的逻辑关联，为大众提供冷静、理性的报道。

穿过石平桥时，看到阳光洒在朗润湖面，感觉很暖，想不到还有一弯月同时悬在空中，更让人惊喜。坚持持续学习的学生们让我知道这份内心冲动的存在，更知道时间能够赋予所有努力以价值。

"季荷"池边

朗润园坐落在朗润湖心，四周湖水环绕，有人说，因为有水，才有朗润。季老（季羡林）曾住在湖畔，据他在散文《清塘荷韵》中所写，20世

纪 90 年代中期,他在朗润湖中亲手种下的洪湖莲子,开花与北大其他湖里的荷花不同,叶大而浓绿,花多而嫣红,每朵都是 16 个复瓣,被历史学家周一良命名为"季荷"。张彤告诉我,"季荷"的另一种说法是季老访问印度时带回来的荷花品种。

一个华灯初上的秋日,马老师召集大家聚在盛满"季荷"的朗润湖畔,迎金秋,庆国庆。想不到教授们唱起京剧来也一板一眼,颇为专业,而最让人惊喜的是,马老师竟然用英文选唱样板戏片段,实在是令人叫绝。

京剧对很多人来说颇具挑战性,这挑战来自它有一套规范化的艺术表现形式,但是,京剧又是流播全国、大众喜闻乐见的戏剧,被称为"国剧"。相对于规范化的表演,我更喜欢非专业的民间演唱,好友相聚,亲

朋相约,这种时候最能体会到京剧是"国剧"之韵味。此时池畔此景,便是明证。

大部分情况下,我都记不住京剧曲目,更记不住歌词,但是,很喜欢其鲜明的曲调、旋律和节奏,有人说这是一种"平民化"的偏好。不过,我想那些大师一定会原谅我的这种偏好。简·莫里斯(Jan Morris)说过一句话:"只有最出色的音乐家才能完全摆脱演绎的影响。"联想到我们自己,在规范专业之下,又如何获得广泛的共鸣?

我常常思考商学教育的挑战。商学教育被质疑最多的地方,就是与实践之间关联不紧密。在商学教育的系统课程设计中,与企业实践相关的内容都被分割在不同的课程之中,以至于明茨伯格在《管理者而非MBA》一书中写道:"有个老笑话说 MBA 三个字代表的是靠分析来管理(management by analysis),不过这根本就不是笑话。"

为了将教学放入真实的企业管理场景,我选择了以原理的方式阐述"企业是一个整体"的观点,就是希望按照一个真实的逻辑来综合对企业管理本质的思考,将企业视为一个整体,从而对组织管理如何应对外部环境变化有所认识,同时对管理实践给予相应的回应和帮助。我并不声称这些判断就是"最恰当"的,我最大的愿望是,"管理整体论"会让管理者觉得有用,并且我的不足能够激发起一些人建立更新的、更好的"整体论"。如果这些判断能够推动人们对"企业是一个整体"展开更深入的研究和探讨,并得出新结论,那我的工作就是有价值的,因为真实的企业就是一个整体。

正是这些感悟和思考，促使我为 BiMBA 的教育变革设定了一个目标，用五句话来概括：一是重建与社会的联系。今天的商学教育与社会离得有点远，需要重建这一联系。二是跟上企业实践的步伐。今天的企业已经走在前面，商学教育要跟上。三是培养负责任的领导者，注重价值观以及对世界的认识、对商业和社会关系的认识。四是让学生热爱生活。学生只有学会笃信知识，才能真正学会热爱生活。五是让世界更美好。这是商学教育的终极目标。

湖中荷影如墨，岸边柳垂婆娑，京韵声声入耳，一幅朗润园秋夜图，透着纯粹，丰富了，也单纯了。

小亭

朗润湖的岛上，有一座小亭，它是不是"涵碧亭"我无从查证，但因与朗润园建筑群落相衬，使得朗润园园林更富有完整性。

亭子在中国古代建筑尤其是园林建筑中有着独特的作用，虽然结构非常简单，却不可或缺。元人有两句诗："江山无限景，都取一亭中。"亭子可以把外界大空间的无限景色都吸收进来，具有突破有限、进入无限之功用。最典型的例子是王羲之在《兰亭集序》中开篇所指，兰亭给人的美感,不在于亭子本身的美,而在于它可以使人"仰观宇宙之大,俯察品类之盛"。

我也是因为《兰亭集序》开始对亭子有所偏爱。虽然朗润园这一亭子因远离主建筑群并与院子隔着一条小径,略显得简陋,少被人关注,但是,只要傍晚有一点闲暇时间,我就会走到亭中,静望四周。特别是在秋日,仰望碧空,有高远空明之感;低看柳梢入水,有倒影深邃之悟。有限与无限,不正是客观真实本身吗?

正视有限,接受无限,也存在于日常的训练中。

2016年,特朗普当选美国总统,英国脱欧公投,"一带一路"倡议,供给侧结构性改革,移动互联网与共享经济,等等,我们来到风云变幻的世界,黑天鹅事件几乎成为常态的世界,无限互联的世界,蝴蝶效应无时无处不在的世界。这是一个万物互联、万物生长、万物间无边界竞争的世界。

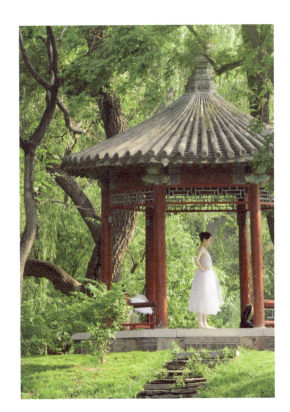

在这个无限未来已然来到有限当下的时点上，我们该怎么办？毅夫老师说："未来 5 ~ 10 年，中国非常有希望超过美国，成为全球第一大经济体。但中国的产业结构与美国仍有很大差距，双方产业之间的互补多于竞争。中国企业家要放眼全局，在全球产业链上找准自己的位置，充分发挥比较优势。"其仁老师说："中国再往前走，需要好的想法。好想法是非常重要的生产要素。但好的想法要生根发芽、成长壮大，离不开好的土壤和好的保护。"维迎老师说："市场经济最重要的是企业家精神和企业家。政府要真正理解市场、相信市场、保护市场，要增加对企业家精神的激发与产权的保护，减少对市场和产业的干预。"

我想，国发院老师们的研究一定能够帮助身处风云变幻中的企业家们从宏观大局之中窥见微观企业的机会，所以向姚洋老师建议举办"国家发展高端论坛"并愿意为论坛的总体运行设计规划，与大家一起办好首届论坛，且由此形成一个轮值制度，确保论坛持续下去。得到姚老师和学院的同意和支持后，保群老师担任秘书长，贤青老师和品牌公关部老师们组成工作团队，筹备工作快速开展起来。越来越多的老师加入工作团队，到最后，几乎整个行政团队的老师们都参与进来，在不到两个月的时间里将一切工作准备就绪，迎接论坛的正式开幕。

来到北大英杰交流中心时，我还非常忐忑，但是见到林毅夫老师、周其仁老师、张维迎老师、姚洋老师、刘国恩老师、卢锋老师、宋国青老师、张晓波老师、马浩老师、杨壮老师、张黎老师，以及陈发树董事长、宋志平董事长、田涛老师等嘉宾都来到了现场，工作人员更是仔细周到地做好服务工作，我悬着的心也就安了下来。

论坛由毅夫老师做开场演讲，由其仁老师做闭幕演讲，从早上 8：30 开始，一直持续到下午 19：00，以"全球变革时代的中国"为主题。20 多位国发院老师和国内外有重要影响力的政府智囊、经济学家、管理学家、行业领袖在论坛上发言，阐述了他们各自关于中国发展的观点。正如英国作家狄更斯在《双城记》中所言："这是一个最好的时代，也是一个最坏的时代……这是希望之春，也是失望之冬。"在全球变革时代，中国迫切需要基于学术规范的远见，需要基于未来发展的洞察。此次国家发展论坛正是"朗润园以百花齐放、和而不同的精神来探索方案，前瞻性展望全球的格局演变"。

这场盛会聚集了国发院众多老师的智慧。我担任论坛轮值主席，保群老师担任总统筹，贤青老师担任总执行，大家做好了活动与传播的全程设计，包括会前的议程策划、嘉宾邀约、预告安排、视觉设计、媒体沟通，以及现场的执行。

论坛举办当天，主管活动的高玲娜拿着对讲机协调媒体直播和全场视觉与流程效果，检查每一个工作人员的到位情况；曹毅和张彤以最快的速度通过全媒体矩阵推送论坛演讲的内容，包括照片和快速整理的速记文字，方便媒体和听众传播；陆静斐现场补位，充当起计时员，提醒每一位可能超时的演讲嘉宾，甚至蹲到前排举倒计时提醒牌。张佳利老师、行桂英老师与邢惠清老师协调校内外嘉宾资源，各个项目主管随时回应师生、校友们的需求。与这样的同事一起工作，一切都可安心。

会议圆满结束后，工作群里的同事们特别激动，大家分享着各大媒体平台的转播盛况，分享着校友和学生们所记的论坛笔记、对学院的敬意和感激。看着一帧帧截图，骄傲和喜悦填满了微信朋友圈，在激动和欢喜之余，工作组的同事们还嘱咐着论坛完成后的收尾工作。与这样的同事一起工作，真的是我的幸运，同时我内心也确信，有这样一支能战斗的队伍，未来的年度论坛会越来越好。

无论是讲者，还是听者，全场高燃。正如其仁老师与大家探讨人类"想法"的产生过程那样，各行各业的人士聚集到一起，相互碰撞，才能实现创新，产生好的想法，推动人类的进步。300多位现场嘉宾、几百万在线听众与演讲嘉宾一起产生的智慧激荡，在一个有限的时间和空间里，呈现出无限的想象与未来。

迎客石

季羡林先生的散文集《清塘荷韵》中有一段文字："夸大一点说，此地有茂林修竹，绿水环流，还有几座土山点缀其间。风光无疑是绝妙的。"其中一座土山就在朗润园这里，上面有一块石头，被称为"迎客石"，上面刻着"朗润园"三个字，是季老所题。

在我的认知里,朗润园迎来的最重要的"客",就是我们的"职业导师"了。

对于 MBA 同学,我特别想做的一件事就是为每一位同学配一位职业导师。我总是对一位现在优秀者与一位未来优秀者在朗润园相遇充满了期待和想象。为此,我和学院企业关系与职业发展部、MBA 中心、校友部的同事们快速行动起来,集结了包括各集团首席人力资源官、业务部门资深负责人、国发院 EMBA 和 MBA 校友在内的第一批 105 位导师。最终,共有 148 对导师和学生通过"选导系统"配对成功,并在线上线下展开了密切的交流。这个项目至今已经 3 年有余,职业导师的队伍扩展到 300 多人,实现了每一位 MBA 同学都有一位职业导师的目标。

有这个想法并付诸行动,是因为多年来我一直感谢我的一位老师。我在一个偏远的小镇长大,上大学前不知道什么叫自来水,不知

道什么是公共汽车，不知道现代化生活的基本设施。但是，我遇到了一位老师，她让我在这个朴实、简陋的地方，懂得如何用双眼发现美，也让我立志成为一位老师。设立这个项目的初心，就是希望每一位MBA同学都有一位可以对话的老师，去发现属于自己的美和梦想。

在人生规划中，有三段比较重要的历程：第一段是学习知识；第二段是从事职业；第三段是让生活更加丰富。在学习阶段，有学校的老师陪伴你。在职业阶段，如果有职业导师陪伴，你就可以更顺利地从学习者成长为创造者。这是我选择职业导师计划的一个核心动因，让未来优秀的你遇见现在优秀的导师。在丰富生活阶段，你要成为别人的老师。你的丰富性、厚度、高度，来源于你帮助了多少人，有多少人因你而进步，有多少人因你变得更加美好，有多少人因你取得了更好的绩效，有多少人因你进入了他之前从未触碰的领域。这是我确信优秀的人愿意成为导师的根本之所在。不过，陪伴一个人成长是件很奢侈的事情，需要付出时间、付出心力，感谢300多位导师勇敢地接受了我们的邀约。导师们也因此多了一份体验，就是与一个已经成熟的人一起成长。

对于MBA同学而言，最好的感恩是成长，所以我期待学生们用自己的成长来回馈自己的职业导师。你要用你的进步来和导师交流，不要用你的止步不前来交流。如果你没有成长，没有进步，你绝对不是感恩于导师，你只会成为他的负担，成为他质疑自己的一个原因。

你的优秀都源于你一步一步地成长，我称之为持续完善；没有人生下来就是优秀的，但是如果你愿意朝着这个方向去努力，你就有机会成为优秀者。

我非常希望有一天听到职业导师回校说："我真的很高兴，因为我遇到了这个学生之后，发现自己也有很多进步。"

什么是"老师"？我在30多年的教学生涯中常常问自己"为什么如此热爱当老师"。我得到了自己的答案，因为"教师"这个职业有着无限的可能性，它有两点很有意思。

一是对教育的信任。老师绝对相信教育能够改变人。参加一场论坛，听一位企业负责人说："在企业做的任何一场实践，都比在商学院课程里学到的有用。"更早之前我也听企业家说过"商学院没用"。我想，他们说商学院没用时，也许没有搞懂什么是教育，什么是"老师"。教育不是以"具体事项的有用或无用"来评价的。老师绝对坚信教育的意义，教育是用以成人的。一位老师拿出时间去陪伴学生成长，我相信在他内心当中一定很确信，因为他的陪伴，学生得以成长。

二是对偶然性的信仰。无论遇到谁，老师都相信自己可以把他教好。"我很倒霉遇到了这样的学生，很倒霉没有遇到优秀的人"，这不是老师该有的话语。能真正理解"老师"这个词语的老师，一定会欣赏职业中的独特性，即无论遇到谁，老师和学生都可以因为相遇，彼此变得更好。这就是教师职业的特点，也是我热爱做老师的原因。

除了表达感激之情，学院和我没有什么能够回馈给职业导师的。看到 300 多位职业导师热情地参与这个项目，我更确信，每个人都愿意为美好的事情付出。我记得有人说过一句话：真正的爱情，并不是彼此望向对方，而是望向同一个远方。我想 MBA 同学和职业导师，就是望向同一个远方，成为拥有美好的人。

我曾收到一份很特别的教师节礼物，由学院职业发展部的同事转来。它是国发院企业导师李迎春与他的学生宋淳一起写的亲笔信，信中写道：

> 您是一位工程师，一位灵魂工程师，用挚爱与真诚架起一座桥，把现在与未来连接，从此心的天堑变通途，从此世界不再有边际。您是一位园丁，一位精神的园丁，用智慧与博爱浇灌每一个生命，把心灵与心灵连通，从此前进的路上不再彷徨，从此你我不再孤独前行。您说相信美好，感受美好。我们说是您带来美好，创造美好。您说带着对公司的感恩，带着对前辈的欣赏，带着对时光流逝创造价值的期待，也带着对我们彼此的爱。我们说感恩您，我们会传递感恩，钦佩您，我们正学习欣赏，共期待我们携手在路上播种爱。我们一生要努力，春华秋实、花好月圆、秋色满园、硕果累累。您总是带给我们温暖，带给我们思考，带给我们淡然。感恩您，敬爱的国发院，感恩您，敬爱的春花老师，是您们让我

们拥有导师与学生的缘分,是您们创造出成就彼此的机缘,从此我们成为更好的自己。

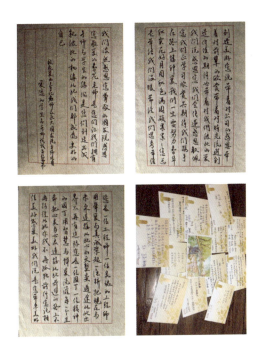

信透着珍爱、优雅和美好,清秀而沉稳的书法、真心而激情的文字,让人爱不释手。这是两个人的对话与共鸣,更是他们与学院的交心和加持。于斌、金薇和魏佳洁三位同事已经着手第四届导师节的工作,我们相信导师队伍将会继续扩大,而结对子的同学也会越来越多。在这里,教与学,总是在陪伴中彼此生长,生长出美好,生长出未来。

泰戈尔说，爱情是因为相信，所以看见。我也相信，大家因为彼此，看到美好生发。

（本文写于 2020 年）

湖心岛

朗润湖的湖心岛是我每次上班必经的风景，岛上有繁茂的柳树，树冠如云，湖面如镜。让我心动的是树与倒影，望向水中的倒影，一种向极深处生长的力量，令人生发无穷的想象。春天，倒影呈一片青绿；夏天，倒影呈一片繁茂；秋天，倒影如版画，枝条清晰分明；冬天，湖面结冰，倒影也许掩藏着，冬眠而梦。遇到微风拂过湖面，轻微泛起涟漪，倒影褶皱着，又让湖面犹如梦幻般的油画，抽象而温柔。

夜晚在湖边散步，从一个位置去看湖心岛，因岛后有朗润园建筑群的灯光，再加上皎洁的月光，在那一刻，有一种天地空明、人类渺小的感觉，而正因为渺小，才领悟到了一点点真实。

湖心岛，一座小亭，几株大树，树随着四季变化，像是探索自身生长的奥秘，思考着、探索着，暗自与湖水对话。一直静静地变化着，没有截止时间，没有定论，也没有设限。也许会有外人给其假设，但或许也只是假设，比如你真的来到这里，很想去理解或者定义一下它。不过，大部分时间，这里都是"人迹罕至"，便有了"无所从来，亦无所去"的味道。

这座小岛与四季交融的每个时刻，你都能感觉到时间、空间与自己的对话，感觉到光，感觉到流逝，感觉到一个真实却又神秘的世界。树木与倒影，夕阳与柳梢，落叶与波纹，有了不可知的因果，有了与自己对话的因果。

研究是一种漫长的修行，也是一种机缘。你可以在学术空间里冥想、内省，可以借由探索出入不同时空，出入不同场域，与不同人对话，由此获得自己的领悟。持续思考与探究，或升腾或沉寂，或靠近或远离，或所得或所失，丰满而又孤寂。因研究所得，可感受所得之丰满，同样，也会因研究所得而感知所得之有限，故而孤寂且谦逊，也因此，让我们窥见真实，并获得丰满。

水天成一际，
烟涛微茫远更阔；
与此对晴空，
云霞淡粉近通明。
未名照行影，
一夜飞渡镜湖月。
所为今尚在，
渌水细纹波波过。

四季

朗润园的四季，能以时令区分，能以花期区分，能以光影区分，还能以颜色区分。

朗润园应该是北大校园中最具生命色彩的一个地方了。这里既有林徽因的：

> 你是一树一树的花开，
> 是燕在梁间呢喃，
> ——你是爱，是暖，
> 是希望，
> 你是人间的四月天！

又有徐志摩的：

> 那河畔的金柳，
> 是夕阳中的新娘；
> 波光里的艳影，
> 在我的心头荡漾。

还有苏东坡的：

> 人影在地，
> 仰见明月，
> 顾而乐之，

> 行歌相答。

更有李白的：

> 事了拂衣去，
> 深藏身与名。

朗润园的四季，有时间温度，有空间热度。走在这里的人，不会认为自己可以抽离出来，只是按照自己习惯的逻辑而生活；不会侥幸地认为改变只是别人的事情而与自己无关；不会让过去对自己产生太多影响而无法接受未来；不会因喧哗世界困顿而无法安静。走在这里的人，不会被"变"的动荡胁迫而无法选择，不会受挑战冲击而无所适从。走在这里的人，用四季的变化纯粹地展现人类的特性——即兴创作、创造性，甚至是某种优雅和魅力。因为我们知道，唤醒本能即可。

春

朗润园的春天，由绿柳繁花通告。

"春到浓时花自开"，这是"春暖花开"微信公众号 2015 年立春日发刊词的标题。想不到，这个公众号已经开设六年了，我已经深深体会到，做出这份选择会面临多么巨大的挑战。这是一份考验，更是一份责任。

我把"春暖花开"看成自己的禅修之地。用一种修行的态度来对待这份选择，让我可以从容、安心并充满喜悦和感恩地去努力，每一天、每一周、每一月、每一年，持续耕耘着这片田园，而这片田园已经影响到了几千万人，念及此，我更不敢有半点懈怠。

夜深人静时，一个人安静地为公众号写文章，那份静谧，给我与世隔绝的照顾；在飞行的机舱里，一个人安静地为公众号写文章，那份安心，给我与嘈杂隔绝的呵护；在清晨的书房里，一个人安静地为公众号写文章，那份平和，给我与繁忙分隔的平衡……出于每一日必须写文章的责任，当我安心写作时，得到的是静谧、安心与平衡，在繁杂与匆忙之中，平和了焦躁与冲突。

让我保持这种安静写作的最真实动力，并不是我的初心，而是"春暖花开"公众号的每一位读者和后台支持的小伙伴。你们的留言、点赞、转发、提问，甚至质疑，都驱动着我更认真地去思考、研究和写作。是你们让我去关注我从未关注过的问题，是你们带着更大的善意帮助指正和提升。在这个小小的空间里，我们彼此滋养，共同生长，这份生长的力量给我定力。

很感恩有"春暖花开"，它让我可以时时开辟一个安静之地，思考和写作。我常常在旅途中去完成这件事，因为聚焦，可以很从容，可以安享旅途中遇到的各种变化：有时是飞机晚点，有时是空中颠簸，有时是身边的嘈杂，有时是行人的拥挤。这些都不会干扰到我，我只需要去做自己该做的事情即可——系好安全带，拿出电脑写。

这种"不介入"的状态非常棒，让我可以安静而从容。大部分情况下，人们都会选择介入，但是，介入之后就会被牵连、被干扰。每每看到朋友们发微信朋友圈，知道大家时时都在介入，唯恐遗漏了学习机会，丧失了创业机会，错失了创富机会，错过了与成功人士交流的机会……在人们唯恐被遗忘的时候，却因介入太多而导致更多牵挂、更多干扰，因此丧失了一个专属于自己的反省、读书、沉思的空间，进而丧失了一个人成长所必需的沉静。的确介入得越多，人们被干扰得越多。有趣的是，在修行中有内外之分，外层的干扰越大，本心修行的力量会越来越强，所以，学会在众多纷繁的干扰中选择"不介入"，就是修行本心。

在一个图像盛行的世界里，我更希望保留一些文字的媒介，因为我觉得，文字的反省力远远超过图像。也因为如此，"春暖花开"保有文字特性，我希望在这个空间里，经由我的文字去感受彼此的默契与思考的魅力，去感染彼此安静对话的氛围，去体味彼此智慧激荡的美好。

《心经》中有句"行深般若波罗蜜多时"，"行深"两个字深深地烙印在我的脑海中。仅有知识是没有意义的，今天很多的焦虑不是因为知道得不够，而是因为知道得太多。"行深"的"深"字，就是要求我们不断地反省自己，不断在行动中去检验。我依然每天在阅读、思考与写作，依然在小伙伴们的帮助下确保"春暖花开"在早上七点前把文章推送出去，依然会在意每一个字、每一句话、每一个段落，用这样日复一日的专注去淬炼自己的敬畏之心，也因此获得了一种最纯粹的动机。仿佛有一股不可思议的力量在做引导，让自己谦卑，让自己进化，让自己平实。

在 2021 年的立春日，我写下了这些文字：

相遇在每个清晨
——写在"春暖花开"六周年的日子里

六年来，
"春暖花开"中，
我和千万人
共度时光。

在此处，
思考不仅是一种力量，
更是一种习惯。
微微地，
伴每个清晨气息，
生出新的
内在的东西。

知识散发的效能，
唤醒感知的触角。
在经验与新知中，
架设奇异的活力。

站在人类生存的分水岭前，
裹挟在
变化的洪流中，
不可知未来，
焦虑与渴望，
技术主宰的世界，
生出无力填补的空洞。

疫情下，
人高贵的无私，
照进残酷现实。
让人泪流满面的背后，
是觉知的唤醒，
如浮士德般，
"用心灵去寻找希腊人的土地"。

历史不会改变人们的情感，

只是描绘了人的极限。
信息是人类的媒介，
我们才是内容。

如果放弃了思考，
所有遇到的问题
都是为自己量身定做。
失去灵魂的技术
都是为自己布下困局。

人在时间的旅行中，
其间所做的每件事
都关乎着
尚未形成的未来。

每个人都会发现
时光记得你，
甚至有时
它就是你的替身。
如果你放弃了主动权，
它就是你的继承者。

任何一个微小的开头，
都指向一个结局；
任何一个不完美，
都由其尚未完成所致。

我们该敬畏
自己所存在时刻的
责任与自我支配权。

恰如其分地
给予每个时刻以应有的价值，
减弱或忽视
难以抗拒的信息诱惑，
创造一个安静的
思考空间。

"春暖花开"
最想做的就是这个空间。
六年来
安静地做着。

阅读不是一个人的文字，

而是

每个人的独白。

阅读不是一个人的探索，

而是

你我彼此的激发。

立春之际，

有其神圣气象。

春涌动，

繁花次第的绽开是生命荡漾。

春耕秋收，

是土地的秩序。

秋金黄，

麦浪起伏的厚重是种子精髓。

土地的秩序，

也是"春暖花开"的秩序。

在这里播下思考的种子，

每天每天，

我们在清晨相遇，

而后各自收获成长。

喜欢我们在线交流，
你说出的每句话
带着温暖
或者冲击力。
我用心去理解，
再激活自己的认知。

千万次阅读，
于我所见的
是加持确信的每一刻，
是变化挑战下
安静纯粹的动力。

你借由阅读洒下的阳光，
温暖或灼热，
让我透视自己的边界。

你借由阅读产生的对话，
聆听蛰伏沉寂生命的苏醒，
以及

纯然的知识、
纯然的希望。

每天清晨，
如期而至，
仿佛为了彼此的约定。
在探索中，
在现实中，
在未知中，
无论共鸣或者冲突，
都有明确的理由。
重要的是，
我们在此
丈量自己的进步。

每天清晨，
如期而至，
文字、
阅读、
对话，
带着四季所有的芬芳，
我们一起生长。

迎春花

走过石平桥,迎面看到的就是覆盖在朗润园假山石壁上的迎春花,迎春花小枝细长直立或拱形下垂,呈纷披状。花先于叶开放,有清香,金黄色,因其具有不畏寒威、不择风土、适应性强的特点,且在百花之中开得最早,花开后即迎来百花齐放的春天而得名。

我最喜欢的是宋代韩琦在《迎春花》中对迎春花的描述:"覆阑纤弱绿条长,带雪冲寒折嫩黄。"不过,有时看着春风唤醒沉睡枝条的变幻,也会想起朱熹的《春日》来:

　　胜日寻芳泗水滨,
　　无边光景一时新。
　　等闲识得东风面,
　　万紫千红总是春。

春天是思想新知萌动的季节。我也会去不同的大学拜访同行,倾听智慧激荡,感受思辨的魅力、科学方法的魅力以及研究面向实践的理论魅力。这几年,特别开心与很多年轻学者互动,他们带来的是全新的视角、不同的体悟。

有一年,在梧桐飞花的春季去华南理工大学和东南大学参加同行的研讨会,有感而作:

> 金陵絮飞竟梧桐,
> 春深岭南语东风。
> 知新行合期无限,
> 多少激荡文章中。

春天是博士生答辩的季节。学生们展示研究的发现,专家从不同视角提问,问与答之间互动激发,让身在答辩现场的我们收获满满。一个好的选题,既可以透着理论研究发现的魅力,又可以触碰真实世界的觉察,更可以拓展出持久与宽广的研究生涯,这是每一个研究学者的快乐。

春天是更新自我的季节。陈旧的领导行为无法给当下以指引和解答,一系列的挑战和复杂性,需要我们不断革新已有的领导技能。新的领导力包括美感度、开放度、内定力、同理心和思辨力,我称之为"未来领导力 Codes 模型"。未来领导力并不专属于领导者,而应为所有人所具备。企业人力资源最重要的改变就是从胜任力到创造力。这一改变不仅是对领导者的要求,更是对所有组织成员的要求。所以,这一轮的领导力建设跟以往不一样,它要惠及更多人,即组织所有成员都需要具备领导力。

春天是重新规划新起点的季节。处在商业系统重构的今天,中国企业和国外企业站在同一条起跑线上,都期待着数字时代的春天。在这个全新的起点,无须弯道超车,只需踏实起步。致敬新时代最好的方式就是,站在这个时代最好的机遇点上,昂首走出一条全新的道路来。

春天是最好的读书季节。哪怕是 2020 年这个寒冷的春天,依然挡不住我们学习的脚步。我和一部分同学在致福轩教室上课，同时在线的是全球各地的同学，我们在两个融合的世界里，热情饱满地学习着。常态化的混合教学与学习方式，常态化的自我更新与成长方式，一个热爱学习与成长的班级，让我不期然想到：唯春光和学习不可辜负。

春天是最好的运动季节，体魄强健对担当责任之重要性不言而喻。2017年是毛泽东《体育之研究》发表100周年。4月6日是联合国设立的"体育促进发展与和平国际日"，也是北大国发院体育商学院的成立日。

阅读《体育之研究》很感慨，这是毛泽东在不满24岁时写就的一篇雄文。他在文中写道："体者，为知识之载而为道德之寓者也，其载知识也如车，其寓道德也如舍。体者，载知识之车而寓道德之舍也。"[一]这就是"体育在吾人之位置"。而对不好运动之原因分析，"一则无自觉心也""一则积习难返也""一则提倡不力也""一则学者以运动为可羞也""第一与第四属于主观，改之在己，第二与第三属于客观，改之在人，君子求己，在人者听之可矣。"对照而读，令人警醒。蔡元培说："所谓健全人格，内分四育，即体育、智育、德育和美育。""健全的精神，宿于健全的身体。"国发院探索体育商学，也是这个传统在朗润园的体现。

谷雨时节，新书首发。2020年，我可以拿出大块时间写作与总结，结果2021年的新书有点多。承蒙企业管理出版社孙庆生社长和王仕斌老师的帮助，《认知管理》出版。这本书结集了"春暖花开"五年来阅读量超

[一] 中共中央文献研究室. 毛泽东著作专题摘编[M]. 北京：中央文献出版社，2003.

过 10 万的文章，可以说读者是编辑，让我知道管理研究与大家生活、工作的真实关系。在华蕾和机械工业出版社华章分社的帮助下，我们团队和少春主席及金蝶团队三年的联合研究成果结集出版。从研究数字化技术对企业管理不同领域产生的影响，借助于企业实践的优秀案例，再探寻其中的规律。这些研究结论组成了《数字化加速度：工作方式、人力资源、财务的管理创新》一书。在张渝涓的帮助下，《价值共生：数字化时代的组织管理》一书由人民邮电出版社发行。这本书是我过去 10 年对组织管理的长期观察、探索的总结，以数字化生存为背景，尝试梳理数字技术下新的组织管理体系，并深入探索组织价值重构的未来。同样是在华蕾、佘广和机械工业出版社华章分社的帮助下，《协同共生论：组织进化与实践创新》出版。这本书是过去 10 年有关数字化时代背景下的组织管理理论创新研究的综合呈现。为了更深入到协同共生的企业实践中，我们团队和徐石董事长及致远研究院团队成员合作了近五年的时间，总结并归纳出组织进化的管理新方法，也就是协同共生论。

宫玉振老师说："好的将军追求超越战争，好的企业追求超越竞争。如果说全胜是军事战略的最高境界，那么共生毫无疑问就是商业战略的最好范式。"宋志平老师说："新赛季下的企业选择，要能够实现共生、共创、共享。"是的，在我看来，新的组织形式，必须追求更有意义的价值、创造有灵魂的生命存在和更可感知的成就。新书发布时，宋老师的新赛季下的共生共享，宫老师的从共生看竞争，朴学东部长的奥运共生态，让我们从多个视角感受价值共生。

谷雨时节和学生们一起学习,这是播种的季节,也是学习新知识的季节。看到大家如饥似渴地吸收知识,跃跃欲试地解决问题,轻松愉悦地敞开胸怀,保持独立的思辨精神,真的很开心。做老师的福分,就是能够与学生们一起,体味知识的美妙,体验智慧的惊喜,以及感受内在的成长。

学生们总是给我帮助,用他们的热情、他们的付出、他们的创造以及一次次的自我超越。与学生们在一起,真的可以"逆生长"。

下课后的傍晚,邂逅落日余晖,红霞穿过朗润园的灰瓦宝顶,穿过梧桐树的树梢,落在湖面,波光粼粼,给知识激荡的白日一个沉浸的理由。好一幅"朗润春学图":

> 细条荡漾一树高,
> 春意空阔满溪暖。
> 书香寻芳红廊驻,
> 晴光铺排总是新。

桃花

桃花开在朗润园的后院,湖面有一小队鸭子,不知是否从未名湖那边畅游过来。此景便是苏轼诗中的画面——"竹外桃花三两枝,春江水暖鸭先知。"

2020年的春,朗润园桃花只能独赏春光。孤独中,依然散出芳香,吹拂早春的凄冷,吹拂凝重的忧郁。纯粹中,依然灿烂如昔,"人面不知何处去,桃花依旧笑春风"。

2020年的春,每个人都要独自面对挑战。不确定的是环境,确定的是自己。朋友发来信息:"没有一个冬天不能逾越,没有一个春天不会到来,期待春暖花开。"

因疫情，人们需要各自隔离在家中，但是，众多医护工作者成为"逆行者"，众多快递小哥成为"连接者"，众多企业家出钱出力，成为"志愿者"。军人、公务员、企业家、学生、普通市民一起成为"抱薪者"，每个人都在尽自己的一份力，给彼此以温暖和信心，我能做的就是贡献自己的专业价值。

"春暖花开"公众号围绕着疫情下企业对策、中小企业防控、新开工模式、企业家的担当、管理者的自我调适、领导者的卓越领导力、经营的意志力、企业必须做出的变革、应对危机的三个关键点以及病毒防控的专家访谈等，连续刊出12篇文章，获得了超过550万次的阅读量。

我接受了央视新闻、新华社、第一财经、正和岛、搜狐、网易、中新社、界面、《光明日报》《经济日报》《解放日报》《北京日报》《南方日报》《文汇报》《四川日报》《社会科学报》《中国经营报》《中国企业家》《三联生活周刊》等媒体的密集采访，参加了40多场在线论坛，参加了管理学者组织的众多专家对话。葛新为了配合我的各种直播、新模式课程和采访，添置了各种装备。

我感知到众多企业家的困惑和焦虑，为了回答他们的提问，我要求自己以最大的毅力，急速为中国企业写一本《危机自救：企业逆境生存之道》。我在1月底酝酿想法，2月动笔。3月8日，新书上市。写作的那段时间，我几乎没有睡觉，连日连夜地写，一是源于疫情带给我的危机感，二是出于研究者所内嵌的责任感。在葛新、李湛军两位老师的帮助下，在机械工业出版社华章分社投入极大资源的支持下,这本书得以快速出版。

这本书的相关研究从企业"组织免疫力"入手,探索危机中企业"凭什么活下去"的策略选择。持续与企业界管理者交流,他们的每一个选择、每一项行动都给我启发,与其说是我写了这本书,不如说是我与众多的企业实践者一起写了这本书。在危机面前,无论个体还是组织,都需要做出自己的选择。我们可以选择做"最美的逆行者",直面危机,战胜危机。对企业而言,危机并非偶然,或早或晚、或大或小,总会遇到,转危为机的关键在于自救。

新书发布的第一场直播,我邀请了13位企业界朋友一起参与分享,他们所带领的企业都在面临危机时快速应对,并找到了战胜危机的策略。该直播由人民网、知室、国发院、正和岛等众多机构参与,获得了180万人次的收看量。线上发布会结束后,一些企业家发来信息,表示看完直播感觉不那么焦虑了;一些企业家说看完直播心里有了定力;还有一些企业家带领团队一起观看,结束后马上召开会议,拿出快速应对危机的行动方案。看到这些留言、信息,我知道自己尽到了一个学者的职责。

除了写文章、写书,我想还应该尽快推出在线课程。葛

四季 179

新带领知室小伙伴连夜启动，以最快的速度在 2 月中旬就完成了相关课程的制作，我们选择与合作伙伴一起把课程推向企业，并决定采用义卖的方式，把所得课程款项捐给"一健康基金"，这一想法得到了基金创始人闻玉梅院士和宁寿葆医生，以及复旦大学、复旦医学院的积极响应。我们终于在 5 月初完成了捐赠。在捐赠仪式上，每一个人的发言都让我深受感动。

闻玉梅院士，在 2003 年 SARS 时已年近 70，她应钟南山院士邀请，到广州和钟院士一起抗击 SARS。在 17 年后的新冠肺炎疫情时，她已 86 岁，再次挑灯夜战在一线。致敬中国科学家的铁骨脊梁。她设立"一健康基金"的初心有两个：奖励能力强的青年一代，投入科学研究。

张文宏医生，上海市新冠肺炎医疗救治专家组组长。这位沉稳、专业、给人信赖并且以用通俗语言普及专业知识见长的专家，强调科研支撑是重中之重，中国的公共卫生体系要靠大家一点一滴共同建立起来。

朱畴文医生，上海中山医院驰援武汉医疗队的领队。他分享了医疗队在武汉时的一张照片，流着泪告诉我们："光讲大爱是不够的，我们是医务工作者，必须讲我们的专业，只有把我们的专业和我们对人的爱结合起来，才能够取得成功。"

在他们身上，我们看到了什么是医者仁心，就是放下荣华，披上卑微，心存平常，忍受痛苦；就是为他人分担，供应他人所需，甚至牺牲自我。从他们身上，我们懂得了什么是爱与共生。医学，是科学更是人文；

商业，因生活得以永续；教育，是生命对生命的影响；人间，因爱而温暖，而值得。

这个春天，"满街都是圣人"。为了准备学校的开学，2月13日，我发了一条朋友圈："学校即将开学，需要大批口罩，哪位朋友可以帮我，请留言。"要知道，这是口罩最稀缺的时候，我只好求助于朋友圈。没想到获得了迅速的回应，甚至很多多年未联系的朋友竟然第一时间给我回复，提出帮助解决口罩问题。最令我感动的是黄亮，他把自己刚从海外预订的1万只口罩让出来，并亲自跟单至学校收到为止。无私提供帮助的朋友（和企业）包括：黄亮、骆丽、李伟、梅冬、郭建梅、王慧英、刘文静、王华伟、任文强、栾奕、张稚雅、陈险峰、王赢、黄俭、李华、易草生态，甚至远在美国的袁博也尽力相助。这些口罩被分别送到北大、华南理工、新华都商学院，以及在智慧树平台上讲课的大学老师身边。还有更多的朋友提供了信息并表示愿意帮忙，但因为数量已经够了，我便一一回复感谢，他们是：唐文、李妍菲、谢君、马睿、阿杜、刘火财、杨嘉、周洲、杨光、邓伟雅、夏凡、汤敏超、梁仑、张昱清、李金凤、李丙华、陈翔、韩晓委、张国武、王言峰、张平等。找口罩是这个春天的小插曲，却是最温暖、最动人的插曲，定格在我的心里。

这个春天，每个人都在接受挑战、战胜挑战。单以教学为例，每位老师都要挑战自己，几乎是在一夜之间，把线下课程移到了线上，从熟悉的教室教学转为陌生的在线教学。宫老师、张黎老师与杜老师更是对课程做了全面的梳理，统筹规划了在线课程和疫情后的线下课程。负责后台远程技术支持的沈成铃、黄天衢、祖磊老师，负责教务服务的杜桂英、李文、杨昕、韩菲、佟立新、赵鹏娟、唐宁远老师，更是全天候在线提供支持服务，确保在线答辩的顺利运行。班主任范丽荣、李然、刘文博、柏希熙、于希明、魏颖、赵昭等老师更是持续与同学们沟通，尽可能保障在线学习有效开展，并陪伴同学们度过调整和适应期。

同事们迅速调整工作状态，在线开展招生、面试、答辩等一系列活动，看着柴豫荣、姚家珍、苏盛、史曜、吴艳梦、张彤、胡小燕等EMBA中心同事们快速摸索出在线面试的方式，真的很为他们骄傲。看到刘长艳、于斌、马宏莉、梁慧、王燕、唐小贝等MBA中心同事们找到在线宣讲和招生模式，真心为大家点赞。

在这个特殊时期，学生们遇到的挑战巨大，我和张黎、保群、长艳、杜桂英几位老师与学生们在线交流，有时姚洋老师也加入。在困难中，真正能感受到的是每个班班委的用心、每一位同学的尽心，虽然并未达成同学们的全部愿望，但是，每一分努力都帮助我们探寻超越危机、超越自我之路。

我去访问智慧树创始人王晖，他告诉我，2月17日开学第一天，从8∶00上课到21∶00下课，智慧树平台当日运行的线上课堂教学共计14 915节次，其中，采用直播方式的8330节次，占比56%。涉及校内课程8176门、学校576所，跨校共享课3448门、学校905所。当日学习总计1300

万人次。按照他们的估计，随着学校陆续开学，最高峰值会比上个学期高5~10倍。这意味着大量老师采用了在线教学模式。

在线教学对老师、学生无疑都是一个挑战。我很感谢尽力克服挑战完成学业的同学们。在E18班毕业季的结课日，赵磊同学把我在课程结束时与同学们的交流做成了一个小视频发了出来。以下是他在小视频里的旁白：

2020年5月16日是我们在北大国发院的结课日。花老师就这样一个人坐在朗润园的教室里，给我们上了这两年里的最后一堂课。花老师说："这是结束，这是开始，因为你过去学到的所有东西，有机会开始运用了。你一定会有一个全新的人生起点，这个起点跟过去的起点不一样，因为你从这里毕业了。我们今天处在一个巨变的时代，你的价值能够被释放出来。逆境中出英雄，我希望这一时间毕业的同学，多一点点英雄主义，担当多一些，更勇往直前一些，更加刻苦一些，你就会脱颖而出。我们有机会经常在一起，这种共生也会帮助我们成长起来。舍不得送大家离开这个校园。有人比心了，很好啊，我也比心。"

他为小视频写下了一段话：

#毕业季#：结课日，感谢老师们为我们打开认知之门，从这里开启英雄之旅，爱你，E18。

看到赵磊的小视频，很感动，很温暖。回到桃花盛开的朗润园，想到李白的《山中问答》：

> 问余何意栖碧山，
> 笑而不答心自闲。
> 桃花流水窅然去，
> 别有天地非人间。

朗润园，知识荟萃，别有天地，也因此成为每位学子的"桃花源"。

玉兰花

3月25日，春光正好，玉兰盛放。清风徐来，片片花瓣飘落，阵阵花香漫溢。

宋志平董事长来到玉兰树下，与我、张宇伟老师和DPS博士班的同学们共赴"玉兰之约"。

宋志平被誉为"中国的稻盛和夫"，曾带领两家中国企业进入《财富》世界500强，他接受邀请成为国发院特聘实践教授。我们相约在玉兰花开时，探讨中国企业的"质量革命"。

作为中国制造领先企业的领军人物，宋老师意识到中国企业面临着三大挑战：一是产能过剩。今天大部分企业都产能过剩，建材行业尤其如此。过去的经济发展，政府投资拉动发挥了重要作用。但是今天"三驾

马车"拉动经济已力不从心,供给侧结构性改革势在必行,企业必须积极主动地"去产能",才能走出泥潭。二是技术革命。大部分制造业在今天都受到技术革命的冲击,生产智能化程度大大提高。在中国建材行业,很多工厂用人量急剧减少,甚至成为"无人工厂"。与此同时,中国企业对互联网、大数据的学习速度也非常快。三是绿色环保。随着"雾霾"的橙色警报间或响起,社会更加关注产品本身的绿色环保以及企业在生产过程中的绿色环保。这就要求企业改进原材料,改善生产工艺和流程,使之符合环保要求。

要迎接以上三大挑战，企业在高质量发展阶段必须采取相应的战略。宋老师提出了五大战略：立足主业，做强主业；瘦身健体，减少企业的管理层级；强化企业内部管理；推动创新转型，包括向高端化、智能化、绿色化、全球化转型；进行机制改革，推广员工持股，真正实现财富的共享。

在我看来，今天中国已经站在世界舞台的中央。在驱动中国改革开放40多年经济持续成长的众多力量中，"企业家精神"功不可没。在"质量革命"到来的新时代，企业要面临多重检验。首先，外部检验，在激烈的外部竞争中，企业要凭"效益"说话；其次，是否在盈利之外，还推动了人类进步，也是对企业的衡量标准；最后，在社会责任方面贡献的价值，也是检验一家企业的重要标尺。

要经得起上述检验，"追求质量"的企业必须锻造如下八大能力：一是保持成长性；二是具备创新性；三是加强企业与环境的匹配能力；四是企业领导者必须具有正确的价值观、高涨的企业家精神，并具备战略思维和视野；五是企业要与投资者、员工、顾客等利益相关方共建命运共同体，创造价值链、价值网；六是提升企业的产品、技术在市场中的竞争力；七是打开全球视野；八是构建有效的治理结构。

当我们去理解新的增长方式、企业创新、企业家精神，以及国有企业面向全球化、市场化，世界一流企业标准等话题时，宋老师曾经带领两家企业进入《财富》世界500强的心得，让同学们受益良多。中国企业的确需要一场新的"质量革命"，以长期主义的观点，迎接新时代的到来。

2008 年金融危机前后，我为改革开放 30 周年写了一本书《成为价值型企业》。我在这本书里提出了一个观点：中国企业如果想持续拥有下一个 30 年，一定要建立长期主义的价值观。真正能够超越变化的不是机会主义者，而是坚持爱、信任与承诺，并让生活变得更美好的长期主义者。我们只有坚守长期主义的价值观，才能承受环境的动荡与考验。

企业明确长期主义价值观时，就能产生内在定力，让自己稳定下来。这个定力就是我在 2019 年说的"内求定力、外联生长"。有了内在定力，你就可以拥有自己独立的认知和判断，不受外部干扰，安静地把自己的事情做好。

人们普遍认为，领先企业之所以能够成为全球最有影响力的公司，是因为它们有远见、有野心、有决心、有执着、有活力、有创新。但我认为更重要的是，它们真正影响着人们的生活，影响着这个世界甚至人类的未来。让世界和人类的生活变得更加美好，这是它们成为全球最有影响力公司的根本原因。

这一天，天气好得出奇，春色盎然，美不胜收；玉兰花开，智慧花开。

宋老师不仅是企业经营的好手，还是一位专业朗诵者，他曾经配乐朗诵过我的一首小诗《琅勃拉邦的阳光》，令我感动并沉浸其中。他的朗诵令这首小诗披上了一层阳光。

琅勃拉邦的阳光

于百年净流中朝向远峰,
连绵起伏,
汇成光与峦的叠嶂,
悄无声息般,
却深沉了灼热;
掩映在树梢间,
伴着清爽,
让光柔和了清新,
自然如初。

安静不再躲到光芒之后,
穿透时空,
让舒展飞翔;
鸡鸣蛙和,
枯藤荷碧,
交织缠住的是
人从沐浴中归来,
一池收纳了虚空倒影,
也畅饮这一杯碧水蓝天白云。

余晖退去，
摇曳着星星，
万籁俱静，也许能倾听
自己的声音，
是这一季的歌，
皆如无名之地，
却依然会留下痕迹。

兀立在湄公河旁，
在流淌中消融，
从远山的湍溪中，
轻盈地浮沉；
让如绢似绸的暖意，
在行走中渐渐渗入，
奔向生而未见的风景，
在无涯天地安放这明媚阳光。

飞逝的不再是时光，
因驼峰与晨光绵绵不息，
圆润的光泽涂满视线，
无遮拦，直泻而下，
光的呼唤，

唤醒了共鸣，

腾跃间拨弄出绚丽的旋律，

让光与光连接了地平线，

瞬间至恒久。

西府海棠

在第四庭院中，西府海棠分立在庭院的东南角和东北角，海棠花开极盛时，风吹过，花似雪在空中飘舞，随后缤纷坠落一地。此时，透过办公室的窗，望着海棠花舞，会想到袁起《随园图说》的描写："廊外西府海棠二株，花时恍如天孙云锦，挂向窗前。"

与廖建文老师相约一起研究,就是在海棠花开时。他出任京东首席战略官之后,我们决定一起合作研究数字技术对企业战略的影响,并相约每个月见面开一次讨论会,探讨形成数字化技术背景下的战略新解。

合作研究"数字化时代战略"这个主题,用了4年多的时间,我们也得出了基本结论,用5篇论文陆续在《哈佛商业评论(中文版)》刊出。这个研究过程也让我们渐渐明晰了数字化时代的战略是共生战略。

我们观察到一个非常危险的现象,就是今天几乎所有生态企业都还在沿袭工业时代的逻辑——连续、可预测和线性思维。它们用整合、多元化方式进行有计划的布局,虽然冠以"生态战略"之名,然而战略的本质并没有改变。

数字化时代的未来是复杂的。数据、协同、智能等要素碰撞在一起,将重构商业系统,带来非连续、不可预测和非线性思维。如果仍然沿袭工

业时代的逻辑，企业就不具备应对复杂性所需要的"大规模作战能力"。那么，企业的规模越大，崩盘的速度也就越快。

在数字化时代，我们必须更新底层的战略逻辑。这是因为数字化时代与工业时代相比，发生了根本性的改变。企业无论在增长速度、价值获取方式，还是战略举措等方面都发生了改变，企业的核心能力与以往完全不同，这也就是人们常常所说的"重新定义"。

这就要求企业领导者更新"战略认知框架"。我们开始确定新的认知框架是什么，为了回答这一问题，我们把新物种、新商业模式以及新兴企业的战略发展做了分析和梳理，发现在战略的三个基本维度上，数字化时代与工业时代完全不同。沿着"想做""能做""可做"这三个基本维度去看，工业时代的企业关注的是"初心""能力与资源""产业条件"。但是到了数字化时代，企业在三个维度上都进行了突破，实现了"跨界"（突破产业条件）连接（突破资源能力）"赋新"（突破优势选择）的组合。所以，工业时代是竞争逻辑，而数字时代是共生逻辑。企业向数字时代转型需要更新认知框架。

接着我们来解决"战略逻辑"的问题。数字化时代的最大挑战并不是数字技术本身，甚至不是因数字技术而推动的协同共生的商业关系，而是我们能否转换一贯的认知框架，由此发展出一套区别于以往的战略逻辑。我们把这套战略逻辑称为"顾客主义"，在这套逻辑中，顾客是考虑所有问题的出发点。围绕着顾客的不同需求，借助于不同的技术力量，顾客主义的战略逻辑在数字化背景下，有着更多的路径选择，我们提出了"推进者"(II)、"颠覆者"(RI)、"革新者"(IF)、"引领者"(RF)四种不同的战略路径。

研究进行到这里，有关数字化战略的基础条件都已经获得了结论，我们开始回答"战略空间"的问题。数字技术带来最大的变化，就是超越行业并由此带来联动效应，创新出很多价值空间。我们提出生态空间概念，即领域、位域和时域。领域指的是生态空间的宽度。拓展生态空间的宽度，最重要的是专注于主航道，聚焦主业，平衡好"专注"与"开放"的关系。位域指的是生态空间的深度。挖掘生态空间的深度，不是简单地用数字化做叠加或置换，而是深入到核心的生产要素中去，让"虚"与"实"产生化学反应。时域指的是生态空间的长度。延伸生态空间的长度，靠的不是投入资源，加强某个环节的力量，而是要有洞见——预判并做出选择，以及有勇气——敢于"自废武功"。数字化战略就是要在生态空间中竭力生长。

研究到第四年，我们终于获得最终的结论，那就是回答"数字化时代的战略到底是什么"。在前面研究的基础上，我们确定共生战略是数字化时代的战略选择。波特的竞争战略回答的问题是"企业如何因地制宜，在行业中获得有利地位，从而为企业带来较高的投资回报"。共生战略回答的问题是"企业如何与生态空间的要素互动，从而稳固、拓展和延伸自身的成长空间"。两者是互补的关系，两者最底层的变化可以归结为认知范式的变化：从求赢到共生，从以企业为中心到以顾客为中心。

崔之瑜一起全程参与了这个研究，她的投入与专业给了我们极大的帮助。众多企业实践也被融入其中。这个持续四年多的研究，也引领着我们更新自己的认知。我们也是深受工业时代认知范式的熏陶而成长的，做这项研究首先挑战了自身的知识系统和认知能力，然后才能从观察入手，找到解决方案。

霍金问："我们怎么知道我们感知到的'现实'是真实的？金鱼看见的世界与我们所谓的'现实'不同，但我们怎么能肯定它看到的就不如我们看到的真实？"霍金继续说："事实上，任何文化创造，无论是艺术的还是科学的，恐怕都不及理解我们自身存在这个命题伟大。"数字化时代正需要我们理解自身存在的命题。

当这个研究结束之时，新冠肺炎疫情出现，数字化被按下快进键，也验证了我们的研究结论。海棠花开也将要来到第六季，再看朗润湖，空间延至更深处；凝视湖面，感觉其包含了更大的可能性。

牡丹

第四庭院的牡丹尽显雍容华贵。有人形容牡丹"色泽艳丽，玉笑珠香，风流潇洒，富丽堂皇"。我虽找不到这么多华丽的辞藻来描述它，但是，如雪缤纷的海棠谢幕之后，暮春时节，牡丹花开，花朵硕大，清香四溢,一下子把人带入了灿烂。

灿烂的是年轻学子的笑脸。

是的,在开学季的时光,我们在朗润园迎来了年轻的 MBA 同学。填满朗润园画面的是青春洋溢的身影、阳光般的笑容、跃跃欲试的神情,他们迈入朗润园,期待着开启一段未知之旅、发现之旅和成长之旅。

持续学习带给人最大的喜悦，就是成长带来了无限的可能性。对绝大多数人而言，人生最终所获得的成果都小于自己潜在所能获得的成果，只有少部分人所获得的成果与自己潜在所能获得的成果相当，甚至有人超越自己的潜力，取得了更大的成功。原因是什么？是机遇、运气还是命运？都不是。在我看来，不是因为外部条件，而是我们自己决定了自身的潜力能否被意识到，能否被释放出来。其决定因素是自己的习惯、态度、观念和愿望，就像一堵墙或是一面折射镜，经过它之后，人生的结果与潜力再也难以对等。

回到朗润园学习，正是解决这个问题：改变习惯、端正态度、优化观念和提升愿望。对任何变化持有更积极的态度，不再固守个人的经验和观念，给自己而不是给别人更高的期待和希望。我常常与学生们分享一句话："对于我们每个人来讲，真正的悲剧并不是因为外部灾难，而是没有意识到我们有巨大的潜力和非常强的信仰。"

为此，我们通过学习达成如爱因斯坦所描述的境界："一个人真正的价值首先取决于他在何种程度、何种意义上实现了自我解放。"杨振宁给爱因斯坦的一个评价曾给我极大的启发。杨振宁说："孤持、距离、自由眼光是相互联系的特征，是所有科学、艺术与文学创造活动中的一个必要因素。"受其启发，我感知到一个人成长需要有四个重要训练。

一是独立面对挑战。经过2020年的疫情，有人变得更好，有人变得更加颓废；有的企业变得更好，有的企业完全被淘汰，关键因素在于是否可以独立面对挑战。提出"人不能两次踏入同一条河流"的古希腊哲学家赫拉克利特告诫我们，妄图在人群中找寻存在价值是注定要失望的。你会发现，人性原本该有的闪光点早已被自身的愚钝与轻信所掩盖。问题的关键在你自己，而不在其他。

二是近观和远看同一个主题。正如面对疫情，近观是巨大的挑战与冲突，远看则孕育着新机会。如果你有能力近观与远看疫情带来的变化，克服一切困难如期完成学业，准时毕业，相对于那些期待等疫情过去再恢复学业的人来说，则早两年拥有主动权和自主性。在一个时间价值变得极为重要的年代，这意味着你已经领先。蒋勋曾在《池上日记》中写过一个情节，他们准备在乡间诵诗，没想到中途遇倾盆大雨，根本听不到读诗的声音，可是大家依然尽情地在雨中诵读。此时，蒋勋突然意识到这才是诗，所以他写道："也许诗句醒来就应该在风声、雨声中散去。"这就是近观和远看带来的纯粹自由。如果没有远观的能力，一定会觉得天气太差，会很恼火，而有了这种能力，和生活能拉开一点距离时，反倒有了诗意。

三是利他融合。任何人的成长、成功，一定集合了很多人的支持和帮助，绝不仅仅因为个体的能力强。我教组织行为学这门课，一直与同学们交流，事实上，没有人是仅通过自己的能力成长起来的，一定是因为他人的信任、需求和支持。为什么他人会信任你、需要你和支持你，因为你懂得利他和融合。

四是纯粹地创造。我总是鼓励同学们去参加戈壁挑战赛、亚沙挑战赛，因为在极限环境下，你会发现，只要你单纯地走，一步一步地，你就一定会走到终点；战胜你自己的局限性的正是这份纯粹。很多时候，我们无法达成目标，并不是因为能力不够，而是因为分心、受到诱惑或者干扰。事实上，只要能够单纯地、纯粹地行动，你总会创造出属于自己的价值。

牡丹花开的季节，与MBA20班的同学们一起探讨组织管理的问题。无论线下还是线上，课堂中同学们勃发的学习热情、积极对话的氛围，让我感受到知识与学习的快乐。傍晚，我陪同MBA的同学参加亚沙赛启动仪式。这一届将由国发院史上参赛人数最多的沙10战队代表出征，最让我感动的是，这支战队横跨了17个年级，其中还包括沙二代。愿你们成为自己的领导者，挑战巅峰，成就梦想，顺利归来。

欣赏和认同蒙田的观点：每一个人最根本的职业就是生活。既然我们的职业是生活，那么就应该知道人生是无法用外在东西来成就的，它必须由我们自己用行动、用一个一个的脚印去一行一行地书写。人生实在是一门实践的学问，正如有人说的那样："人生其实只是书写自己履历的过程。"相信你们经过书写，会迎来属于自己的繁花似锦、国色天香。

紫荆

第二庭院中有一株紫荆，它和我在广州认识的紫荆不一样。华南理工的校园里有很多紫荆，紫色的花开在满树绿叶之上。朗润园的紫荆，花开时没有叶子，几十朵花珠簇生在枝条上，鲜艳亮丽，确如韦应物《见紫荆花》中所说,"杂英纷已积,含芳独暮春"。

林建华校长曾说过:"校园也是教育。"对于这个观点,朗润园给出了最好的注脚:在这里,总会于不经意间把思考渗透到骨子里;在这里,嵌着一个又一个想象,飘着一丝又一丝惊喜;在这里,转角遇到不同观点,桌旁浮现新的发现,就连树梢也都挂着那些久远目光的凝视,似乎在启蒙人们的心智,就连花草也散出温柔的光泽,让人情不自禁地慢下脚步,找到内心的平和。

作为以研究为课业的人,对生活与梦的想象,是一个可以感知和体验的空间,这也是我特别向往和喜爱校园的缘故。洪堡提出,大学兼有双重任务:一个是个性和道德的修养,另一个是对科学的探求。在朗润园这个空间里,这两个任务都得以完成。

这里没有车水马龙，只有平和的呼吸与丰盛的心灵；这里没有热闹喧哗，只有交流、欣赏带来的活力。有时，置身于这里，一刹那恍惚，甚至让你忘了自己，简洁缓解了烦琐，单纯削减了浮躁。就如紫荆花交错重叠于枝杆，紫红色花珠亲密无间，轰轰烈烈地炫耀，炫耀着春，却不与百花争艳，只是孤执地守护、陪伴着春天走完自己的路。

技术让世界变得更加多元、更富变幻、更无边界，却也让人更觉得孤单、不确定、浮躁与焦虑。但是如果有一个空间，让人可以做好自己，回归本心，接纳变化，遵循规律并贡献价值，生活之本性就会呈现出来，心也会安了，朗润园正是这样一个空间。

春风

5月4日，北大校庆日如约而至。这一天，为创造新世界，谋求新春天，一股新生力量如春风激荡，唤醒大地。

北大创建于1898年，这一年，"戊戌变法"失败，意味着中国封建王朝的自我改革之路不可行，要寻找新学之路。1919年，中国爆发反帝反封建的"五四"运动，北京大学是"五四"运动的发祥地。"五四"时期，北京大学是中国新文化运动的中心，是马克思主义在中国传播的最初基地，因此，5月4日被定为北大的校庆日。

如果说北大人与家国情怀永远相连，那是因为北大人内在的气质里就含有这份情感,那是一种自然的选择,是一种读书人的选择。这选择不受外在的影响,不受利益的诱惑;这选择不受得失的干扰,不在成败中困顿。如果你成为一个北大人,就该拥有这份内在的定力。

今天的世界呈现出更加复杂多变的状态,每个人都存在着各式各样、彼此矛盾的欲望、情感、诱惑和选择,如何回应这个世界,作为北大人,一定会有着北大人的担当与情怀;作为国发院人,一定会有着国发院人的秉性与能量。带着这样的训练,你不会让自己从整个世界中抽离出来,而会让自己深深地融入现实世界中,因为我们都很清楚,唯有在实践与行动中,你的性格才会被培养出来。换句话说:我们不止于我们现在的样子,我们还可以成为更好的人。

每位学子都有在北大生长的潜质,都有在国发院生长的潜质。在当今世界,人类面临着各类严峻的挑战:气候、疾病、贫穷、焦虑、困顿。如果说北大是创造未来的一个高地,北大所依靠的正是你们——我们的学生。

你们未来无疑会成为各自领域里的领导者,也正因为如此,你们的品性与思想将会显得更加重要,因为那会影响到更多的人。无论未来你们如何选择,在哪个领域发展,我都希望你们在国发院学习而形成的这些思想,能为你们带来与之前体验迥然不同的思考工具和世界观,都希望你们能敞开心扉,去拥抱以往从未设想过的种种可能。

现在，很多人都相信每个人应该是一个充分认识自我的独特个体。尤其是在互联网技术的驱动下，每个人都相信自己应该活得真实，对真理保持忠诚。所以，我们都会为"如何成为一个更好的人"和"如何创造一个更好的世界"做出努力，而这也是国发院的老师们认为最重要的东西，也是国发院真正教授给你们的一种世界观。

我在内心里对大学人有一种理解，于是决定用歌词的方式把它呈现出来。受北大教工合唱团团长李鸿老师的邀请，把它作为礼物送给 120 周年的北京大学，再邀请胡海泉同学谱曲，交给由李老师带领的 120 位教授组成的合唱团，在校庆晚会上演唱。

大学人

那一年的开始
要离家
盼闯荡
只有未知想象
忐忑中
步殿堂
兢学业的日夜
在争论

时激昂
以探求用坚韧
得生长

穿过了
无知的蛮荒
肩负五四重量
迷茫坚定
内敛张扬
用思考指引远航

穿过了
无知的蛮荒
感受冬色荒凉
再难路途
无须懊悔
用梦想照进现实
用自心架设桥梁

不知道什么叫天高地厚
只知道问学路漫长
不虚度年华

用心丈量

心始终信仰

沐浴仁爱之光

不知道什么叫天高地厚

只知道问学路漫长

不虚度年华

努力成长

心始终信仰

智慧源远流长

夏

朗润园的夏，明亮、干净。

夏天，总会想到泰戈尔的《生如夏花》：

> 我听见回声，来自山谷和心间，
> 以寂寞的镰刀收割空旷的灵魂，
> 不断地重复决绝，又重复幸福。
> 终有绿洲摇曳在沙漠。

> 我相信自己
>
> 生来如同璀璨的夏日之花,
>
> 不凋不败,妖冶如火,
>
> 承受心跳的负荷和呼吸的累赘,
>
> 乐此不疲。

这首诗也会让我想到毅夫老师,他从台湾到大陆,从北大到芝加哥大学、耶鲁大学;从美国学成归来,创立北大中国经济研究中心(后发展为国家发展研究院);再从北大到世界银行,从世界银行回到北大,归来后成立北大新结构经济研究中心(现为北大新结构经济研究院),并参与创立北大南南合作与发展学院。对于推动理论研究发展、推动中国与世界对话、推动人才培养和理论创新,毅夫老师"乐此不疲"。

没有想过自己与毅夫老师会有交集,以前见他几乎都是在论坛上,而且是远远地望着。想不到在2016年的某一天,我们在朗润园相聚了,第一次近距离的交流,是听毅夫老师向发树董事长介绍他对于中国经济的看法以及他对自己研究的思考。一个经济学家、一个实业家,畅谈对于中国经济的理性乐观判断,真的让人非常兴奋。我特别记得当时毅夫老师关于中国六代知识分子时代机遇的那段话,也是这段话让我多了一个视角去理解毅夫老师,去理解朗润园,那就是学术研究要面向中国实践,要承担属于自己的使命和责任,而这也恰恰是我最看重的部分。

我们开始在朗润园相遇。毅夫老师有一天专门发邮件约我一起交流,关心我到朗润园之后是否习惯，这份细心让我非常感动。在毅夫老师的办公室，我们自然会聊到研究，毅夫老师拿出他的书签好名给我，并详尽介绍他所关注的问题，介绍他深入到一些国家所感受到的情形。在谈到新结构经济学的时候，我更深地感受到毅夫老师如他所说的那样去担当第六代知识分子的使命和责任，他的学术理念是作为一个发展中国家经济学家的理念，他的一系列观点的提出也正是基于中国发展的经验。这一次交流，让我可以体会直面国家发展问题、构建创新理论，是毅夫老师内在的、不懈的追求。为了让我更好地理解他的研究，毅夫老师细心地告诉我先从哪一本书开始阅读，还特别介绍了整体的结构，他的细致与耐心令我很感慨。

又过了一段时间，毅夫老师约我一起交流有关实体企业的话题，这一次我们比较多地谈到中国企业，以及中国企业战略的问题。对于实体企业发展所遇到的挑战，毅夫老师从他的视角给了我一些完全不同的感受，让我受益匪浅。我答应毅夫老师把自己出版的书送给他，刚好自己有一套丛书出版，就高兴地送到他的办公室，感觉有点多，所以没敢签名。想不到，过了一段时间，毅夫老师告诉我说，还是希望每一本书签好名字，并说等他回到办公室就通知我，我快快回复说，我去找他的秘书签，不敢再多占用毅夫老师的时间。从每一件事、每一个细节，都可以感知毅夫老师的平易和谦逊，以及他对于研究的敬重和严谨。

首届"国家发展论坛"邀请毅夫老师做主旨演讲，因为是在年度计划外的时间里确定举办这个论坛，我非常担心毅夫老师和所有嘉宾的时间配合不上。令我特别感动的是，在繁忙的年底，毅夫老师和所有出席论坛的嘉宾老师们都毫不迟疑地答应了。我虽然很忐忑，但是看到一大早就来到会场的毅夫老师和各位演讲嘉宾，看到工作团队老师们的投入和专注，看到其仁老师坐在会场最后一排和观众一起倾听，自己也安定下来，静候大会。嘉宾们专注的神情、明确而独特的见解、直面现实的观点，使得整个论坛虽然长达约10个小时，但是观众仍然意犹未尽，不肯离去。会后有媒体界的朋友说，只有国发院的论坛才会有如此的效果。是的，在毅夫老师和朗润园老师们的身上，随时随处可见大局观、家国情怀、有为担当，也随时随处可见专注专业、包容谦和以及智慧交融的知行合一风范。

4月的一天，毅夫老师转来一本小册子——《新结构经济学在波兰和非洲经济发展中的借鉴与运用》。展开阅读后了解到，新结构经济学在致力于总结中国发展经验以进行自主理论体系创新的同时，倡导"知成一体"的学风，在波兰和其他发展中国家得到重视和实践。毅夫老师正一步一步迈向理想高峰。

如何把学术研究与社会实践融合起来，真是一个充满挑战又意义深远的事情。每一代知识分子都把推动社会进步确定为自己的使命和责任，正如毅夫老师所言："真正的知识分子要以天下为己任。"林毅夫、海闻、周其仁、张维迎、易纲、余明德等学者设立的朗润园之韵味，渗透的正是时代赋予的情怀、脚踏实地的素养、面向全球的视野与读懂中国的睿智。

每每回到朗润园，我总是不经意地想起那些诞生思想和推动进步之地。记得波尔多最令我心动之处，不是因为这是世界闻名的葡萄酒产地，而是因为这是哲学家孟德斯鸠与文学家蒙田的故乡。在孟德斯鸠那里，一种基于责任、法律以及真正自由的意志，鲜活地呈现出来；孟德斯鸠正是深切感受到"法的精神"是一种关系，是法律与政体、自然地理环境、宗教、风俗习惯等各种因素的关系，同时也是法律之间的关系，这些关系是"法的精神"的本质与核心，才提出了"三权分立"学说，奠定了资产阶级政权的理论基础。在蒙田那里，一种基于自然、爱与知识的美感，如芬芳缭绕在四周。蒙田说："我需要三件东西，爱情、友谊和图书。然而这三者之间何其相通！炽热的爱情可以充实图书的内容，图书又是人们最忠实的朋友。"对于田园的向往，对于自然的热爱，这些都是蒙田给我的开示。

今日之朗润园，也散发着田园般的清香，也交织着世界与中国、研究与实践的各种关联，在清香与关联之中，透着理想的光芒，更显现着"研究"的本质与核心。因有毅夫老师及国发院的老师们，研究的价值从朗润园崛起，站在时代之高处，容故纳新，初心恒久。

荷花

朗润湖中的荷花，因"季荷"著名。不过我每日相遇的是朗润园正门前湖中的那一片荷花，小小的石拱桥下，蔓延着茂密的夏荷，岸边是高大的柳树，柳条与荷花触碰，这画面如朱自清的"荷塘"，"弥望的是田田的叶子"，"层层的叶子中间，零星地点缀着些白花，有袅娜地开着的，有羞

涩地打着朵儿的"。只是不知道，当年在清华园看荷塘的朱自清，是否也来看过朗润园的荷塘呢？

喜欢让学生们在多学校之间交流以完成学习，如果学习项目本身就集合了多所学校的优势，那是最好的状态。林建华校长认为，教育改革的着力点，就是"打开边界，打开教育的边界，打开学习的边界，打开学科的边界"。

国发院应该是最早尝试打开边界办学的机构之一。早在1998年，国发院（时称中国经济研究中心）就与福坦莫大学合作MBA项目，在此基础上，于2008年与比利时弗拉瑞克商学院合作MBA项目。弗拉瑞克商学院是欧洲历史最悠久的商学院，由世界著名的鲁汶大学和根特大学于1953年共同建立，是全球为数不多的获得管理教育领域三大国际认证的商学院之一。自2017年开始负责商学项目，我更看重的是由两校共同建立的跨校基因。

与弗拉瑞克商学院合作的MBA项目不仅集结了北大国发院、弗拉瑞克商学院最优秀的师资，还会聚了来自沃顿商学院、欧洲工商管理学院、乔治·华盛顿大学、埃塞克高等商学院等欧美名校的教授，跨校基因贯穿始终。

看重跨校基因，是源于自己对多样性的偏好以及对共生的信仰。遗传的多样性告诉我们，一个物种所包含的基因越丰富，它对环境的适应能力就越强。物种的多样性则是地区生物资源丰富程度的一个客观指标。而生态系统的多样性，从结构上看，主要由生产者、消费者和分解者构成。

如果去理解生命的起源、人类的进化，你就会理解多样性不同寻常的意义。让我们举目望向自然世界，无论是热带雨林中的植物与鸟类、昆虫、哺乳动物等的共生关系，还是树木与300多种真菌的共生关系，只要我们稍加留意，就会发现多样性与共生无处不在。

但可惜的是，如本川达雄所言："即使了解了不同生物世代繁衍至今的理论，我们可能仍不明白生物多样性对人类而言究竟有多重要。""人类大肆宣扬'喜好至上'，拒绝同自己讨厌的东西发生任何关系，是造成多样性减少的一个重要原因。"

学生们参与MBA项目学习，要充分感受和获得多样性，学会理解和欣赏差异，尝试接受和包容对立，并达成共生。无论你以什么样的状态来到朗润园，我们都希望你通过这个MBA项目，学会在更广泛的意义上共生，为多样性贡献价值并因此而成长。

成长的力量来自学习，本质是一种意愿，是一种自我扩充；成长本身就是将所学转化为实际行动的过程；真正懂得学习的人，必然懂得自我约束，以此促进自我的心智成熟。

环境与人本身就构成了交融的世界，一个生命与物质交融的世界，一个生命力与自然宇宙交融的世界。这份交融，让生命具有存于大千世界的能力与魅力。曾在戈壁见过骆驼刺，它极为耐旱、根系发达，达到地表茎叶半径的两三倍。据说它有一个特殊功能，在多雨的季节，骆驼刺能够吸收大量的水分，将其存储在小而肥厚的叶片里，以供干旱时所需，这项本领与骆驼那了不起的驼峰极其相似，这就是生命。

爱因斯坦说过："宇宙最不可理解之处在于，它居然是可以理解的。"我看到这句话，所想到的是，独立而共生的万千物种构成了宇宙，每一个物种以自己的存在方式理解着宇宙，也诠释着宇宙。正如乔治·沃尔德（George Wald）所言："人类不是在宇宙外面观察，而是在里面，人类就是宇宙的一员，宇宙的实质就是人类的实质，宇宙的历史就是人类的历史。从这个结论出发，我认为人类可以确定自己观察到的东西就是真实。"

来到国发院与弗拉瑞克商学院合作的 MBA 项目中，让多样性走近你。这需要充分地学习与欣赏，理解彼此存在的意义，相互关联、共生，成为一个整体。如此，你会获得真实的成长，这份成长，也就形成了你对世界的观察与理解，也就有了宇宙的真实。

石榴花

第四庭院中有几株石榴花,其中一株恰好在我的办公室门前。石榴花总是在不觉中悄然绽放,在翠绿的叶子之间,如灯笼般的橙黄色小花,不繁华,很纯粹,遇到微风,轻轻摇曳。我站在窗前远远地望着它,会和它一起沉醉,沉醉在等待秋收果实的梦里。

发起成立中国 100 家企业首席人力资源官"CHO100"的梦，就是希望邀请中国最优秀企业的 CHO 中有使命感、公益心和能力的人，共同推动人力资源专业领域发展、企业组织成员成长、企业持续增长和社会进步。100 家企业的 CHO 能够影响到千万人，我希望我们能够安静地、纯粹地去做些有价值、有意义的事情，就如这石榴花一般，不繁华，很纯粹，静待秋的果实。

"CHO100"的愿景是成为中国最具使命感、凝聚力、生长力和深远影响力的 CHO 公益社群平台，使命是促进人的价值最大化，推动个体、组织和社会的进步。通过持续的公益活动，既提升和发展"CHO100"成员自身，也推动更多组织成员成长。

我要特别感谢徐辉和许芳，当我把想法告诉她们两位时，她们不仅理解了这个项目的定位，更以最快速度完成了发起人邀请。我也要特别感谢发起成员刘军、陈玮、蔡元启、刘佳、陈泰、吕守生和曾力，以及做了很多协调工作的张圆圆。在我的想法获得学院的支持后，大家在很短的时间内就完成了"CHO100"候选人的甄别与遴选，聚齐了拥有相同价值观和使命感的 100 位 CHO。如此高效的行动力让我对这个公益组织的未来充满信心。

萌生创立"CHO100"的想法，是因为管理的核心还是激活与赋能人。BiMBA 以商学教育为核心，也可以说是以赋能人的成长为核心。一方面，我们在学院课程中以知识赋能于人的成长；另一方面，我也希望直接通过企业人力资源管理者群体本身的价值赋能于人的成长。"CHO100"成员之间的交流与互动，可以帮助彼此成长，也可以影响到更多的人。

我也希望"CHO100"成员在中国人力资源领域以及人的成长中发挥独特的价值。我希望这100人拥有知识，解决问题，有情怀、有担当。假以时日，可以想见，这100人会唤醒100家企业，进而影响十万、百万、千万的组织成员，最终为推动社会进步贡献价值。

发起这个公益组织，我只想做这一件事情，持续去推动赋能人的生长。我们集合的100家优秀企业中，有外资企业，也有本土企业。我相信，100位优秀企业CHO的智慧会形成强大的生长力，这生长力就是我们所做事情的核心推动力。

我们深知，人力资源的核心在于激活人的智慧，激活人的成长，让每个员工能够智慧地工作、用心地工作，能够有创意、有思考、有创造，为社会呈现更好的产品、更好的服务，让社区充满美好。我相信这就是人力资源最核心的价值。

托尔斯泰说："人类被赋予了一种工作，那就是精神的成长。"所以，我首先希望"CHO100"的成员获得精神的成长，再去推动企业成员的精神成长。我希望"CHO100"中的每位成员，从加入这个公益组织开始就知道自己的身上被赋予了使命。一是企业的使命；二是自己的使命，即因为你，你的同事在精神上得以成长。

关注人的成长，并使其成为自己的工作习惯，这个思想是源于两位恩师：一位是苏东水教授，一位是赵曙明教授。育人与研究，是苏东水老师生命的意义。无论周遭环境如何，他始终保持如水的心境。对于创立东方管理学，苏老师本没有什么机遇，是他自己创造了这个机遇，这份纯粹的创造让苏老师成为灯塔。育人与研究，同样是赵曙明老师生命的意义。他总是不知疲倦地推动关于人力资源管理的研究与实践。无论在研究社群中

还是教育社群中，他都以巨大的使命感促动每个人的成长。这份带着爱所做出的贡献，让赵老师成为又一座灯塔。苏老师和赵老师安静、纯粹的持续贡献，总是让我想起一句话："一个人只有自美，才有权利接近他美。"我希望我和"CHO100"的成员也能如此。

"CHO100"发展至今已经有四年多的时间，王欣、张圆圆和吴艳梦三位同事陆续接过责任，随着保群老师的加入，新班子成员集结完毕。这个公益群体发挥着越来越重要的价值，现已有超过 120 位成员，这个平台也发展成为"CHO100+"。虽然规模扩大，参与的企业数量增加，但是我依然期待每一位成员如石榴花开，不繁华，很纯粹，结出真正的价值之果实。

玉簪

在朗润园看到这种白色、棒槌形的花朵时，还不知道它叫什么名字，为了它去请教曹毅，再动用"识花"小程序，才知道这是"玉簪花"——一种耐寒冷，可在林缘、石头旁、水边种的植物。

作家宗璞描述："玉簪花却不同，从不要人照料，只管自己蓬勃生长。"玉簪花不挑地方、不挑土壤、顽强生长的特性给我留下印象，让我第一次因一种花的精神而喜欢上它。

在同事们约我为 2020 年毕业的同学写毕业寄语时，我脑海中浮现的就是玉簪花，于是顺着玉簪花的思路，为大家写下我的想法：

在过去的某个时刻，我们不知不觉走入了一个新时代，随身而动、随时在线，我们获得了新的知识，拥有了新的能力。在这个新的世界里，我们过往所熟悉的一切，似乎都面临着挑战与机遇。物理世界与数字世界的融合，让我们在一个全新世界里感受不一样的生活；整体依然是中心，但是它不再是部分之和，我们的世界观悄然改变；理解生存与发展，必须有相互依存的新理念，个人、社会和自然相互依存，我们称之为万物互联；当需要面向未知寻求发展空间时，知识则成为驱动力量，正是知识与技术的推动使得今天出现了众多的新领域。

这就是触手可及的未来，在新旧世界的交叠中已然到来，开始确立其地位并有效影响着我们的行动，让我们既对未来充满想象，跃跃欲试，又在现实之中感受焦虑，手足无措。在这个新与旧的交汇点上，理想主义与现实主义在现实中相遇，我们需要静下心来感受变化，因为在变的现实中才能找到实现理想的机遇。在新的现实世界中，个体、知识、商业以及生活都发生了根本性的变化，恰恰是这些变化让我们获得了无限的可能性，理解这些变化成为我们步入未来的关键。

个体价值崛起已经成为普遍存在，个体不再甘心于担任组织的一个角色，他在寻求自我价值的释放。但是，我更希望大家可以理解德鲁克的一句话："个体无所不能，又百无一能。"当个体与他人或者组织组合在一起的时候，个体无所不能，但是，当个体孤立存在时，个体百无一能。

我们今天所面对的是一个未知的世界，在未知中，什么可以帮助我们走到一个确定的方向上？答案是知识。知识能够帮助我们理解、创造并呈现未知世界，所以培根曾说"知识就是力量"，在今天，我更认为"知识就是命运"。因此，我们必须牢牢记住亚里士多德时代的那句格言——"责任追随知识"。让知识和责任组合在一起，敬畏你拥有的知识特权，才能真正发挥知识的价值。

数字化商业至关重要、激动人心且充满刺激。一部手机带我们步入数字生活，哪怕是在2020年疫情之中，我们依然可以在物理阻隔下工作、学习和生活，就是因为数字技术带来的解决方案。数字化商业确实帮助人们解决了现实生活的困难，所以它至关重要；数字化商业让人们展开了无穷的想象，所以它激动人心；数字化商业层出不穷地创造甚至颠覆着一切，所以它充满刺激。

我们生活在一个不断更迭的时空中，过去的经验不再奏效，我们要面对的是必然的改变和挑战。没有哪个时代像今天这样需要我们认认真真地静下心来重新梳理知识体系，审视认知能力，让自己在这个更迭交替之中不至于盲目，不至于仓促，不至于彷徨。

每个时代有每个时代的挑战，也有每个时代的梦想。此时，让我们一起迎来你们的高光时刻，我确信，在这个未知的新世界里，你们会带着朗润园的气质，以新的状态躬身入局，成为梦想的创造者。所以，我希望你们能够保留变化、保持简单、保有成长。

保留变化　这是围棋里的一句话，在围棋对弈之中，高明的棋手永远都要保留变化，因为保留变化就保留了选择。在这样一个高度不确定的环境下，我们更需要学会保留变化，让自己永远是一个新的人，去接触新的东西，一直在被改变，也一直处在创造之中。

保持简单　对于复杂而言，简单是最好的解决之道。其实，生命需要的东西并不多，保持简单，才可以触及根本。卢梭曾感慨："人生而自由，却无往不在枷锁之中。"其实让我们陷入枷锁的，有时正是复杂的欲望、过度的追求。一旦回归简单，怀有赤子之心，去繁就简，你就会感受到生命本身的纯真之美。

保有成长　当你从学校毕业走向社会，你所拥有的新能力、新学识与新视野，将会因为你对责任的担当显现出巨大的价值。世界常为新，所以对未来的理解比当前的成功更重要，而持续学习、保有成长是根本之途。

威尔·杜兰特和阿里尔·杜兰特在《历史的教训》中写

道:"文明不能遗赠,它必须经由每一代人重新学习。"历史的发展说明,不同的时代应该有自己时代的新东西,这是时代最强的生命力所在。每一代人都将成为自己梦想的创造者。

所以,你就是你的未来画像,成长最好的方式就是投身到成长之中。

像玉簪花那样,"只管自己蓬勃生长"。

夏雨

在朗润园听雨,别有一番滋味。夏天的雨,说下就下,倾盆而出,昏天黑地。

记得在一个下午,我约了刘晓丹老师,探讨邀请她来给EMBA同学上课的事情。想不到正要从朗润园出发时,大雨也出发了,军慧过来接我,从学院门口到办公室一点点的路程,竟然全身湿透。我担心她着凉,

她说自己会解决，不要耽误了晓丹老师的事情，军慧帮助我在大雨中如约出行。

商学教育必须"以行证知"，"接地气"的教师和授课方式给同学们更多的指导与启发，基于这样的想法，邀请晓丹老师成为我们的特聘实践教授来担纲一门课程。翻开晓丹的履历表，"中国最佳投行团队""最佳并购投行""TMT 行业竞争力最强券商"成为她所带领的团队金光闪闪的关键词，而她本人更是曾担任中国证监会第四届和第五届并购重组委员会委员，在投行界征战了近 20 年。中国的资本市场既有传统金融理论所阐明的运行规律，更有经济转型过程中的中国特色。要拿捏好这样的分寸，学院派、认知事物本质的理论学习必不可少，实践派、灵活运用规律的经验分享也不可或缺，晓丹老师则承担了后者的责任。

我的同事张彤随堂听课，以下是她听晓丹老师课程的笔记和感悟：

2015 年，中国进入 PE（私募融资）大爆发期，2016 年，私募融资的增长率达到了 79.5%，私募融资成为创业企业 IPO 之前的重要融资途径。然而，你千挑万选的投资伙伴到底是天使，还是魔鬼？

见过了太多融资路上的"坑"，刘晓丹提醒同学们：PE 是为寻找长期"同路"人，"爱"与"恨"始终并存、交织。"很多人死在判断上，而不是战术上。"在刘晓丹看来，无论是投资者对被投企业发展前景、创业团队的判断，抑或创业团队对投资方偏好的判断,都将一剑封喉,决定企业未来的成与败。"投融资双方结婚的那一刻,就要把离婚时最惨的状况写在纸上。"这位女投行家总是用最形象的比喻让你触摸事物最本质的一面——你的投资对象到底有没有价值?

"投资一定要回归人性,尊重人性。回归人性,尊重人性哈!"每每讲到关键处,刘晓丹都下意识地重复一遍。

科创板,上,还是不上?多少企业又开始摩拳擦掌,磨刀霍霍。一向为人直爽、单刀直入的晓丹老师没有直接给出答案。她再次回到了问题的本源——IPO的意义到底何在?企业经营的本质到底是什么?对于千军万马过独木桥的上市热潮,晓丹老师一盆冷水哗哗地泼了下去:"上市公司信息披露成本非常高,这是每个准备上市的企业必须事先考量的;公司一旦上市,创始人对企业的控制权就会受到影响,所以你看很多大公司并没有上市;此外,在准备上市的漫长过程中,很多动作不能做,很可能因此失去重要的市场战略机遇;如果你的企业不扩张,为什么要上市?如果你的企业成长性不大,上市后资本市场会看好吗?""说到底,做企业是马拉松,不是短跑,不能为了IPO而IPO。"

与谈判队友如何分饰角色,与谈判对手如何忽而"沉默是金",忽而"雄辩是银",女人盈盈欲滴的眼泪如何在谈判的最后一刻打动人心,站在北大朗润园的讲台上,晓丹老师绘声绘色地回忆着自己在并购谈判中惊心动魄的往事。

丰富的经验让她多了一份淡定,但"以客户服务为目的,而不是以成交为目的"的业务逻辑,还是让刘晓丹每每临战,如履薄冰。完美主义者总想给客户一个最好的结果。

"并购要服务于你的战略,路边的野花千万别采!非相关多元化,偏离自己的战略,只能让你死得更快;创业者一定要all in(全部投入),聚焦于一个小的领域;做企业,要先学会走,再去跑,不要孤注一掷地去赌。"

资本市场的万花筒已经呈现给北大的同学们,授课结束当天晚上,晓丹老师在朋友圈抛出了这样的文字:

"感谢春花老师的信任!不同于以往在商学院的客串讲座,这次接了一个算学分的正式课,因此不敢怠慢这些周末来学习的优秀学员,我还是以每分钟不低于300字的语速认真讲了两整天,好在体力经受住了考验。今天恰好也迎来我在公司14周年的纪念日。这是从2005年我加入联合证券那天算的,而华泰收购联合是在2006年,这个细节回应了今天课堂上所讲的,最终整合成功是文化的融合,不分你我,彼此认同成一家人。"

与之相配的,是一张与北大国发院EMBA2017级学员的课后合影,以及一张华泰证券给她的入司14年祝福留影。这是一份14年的收获与认可。

对于未来，投行家刘晓丹坚守着自己的哲学：

"敬畏专业，敬畏市场。"

"无论踩过多少坑，都选择把自己归零，重新出发。"

"作为一个完美主义者，要认真地对待每件事，也认真地放下每件事。"

晓丹老师语速极快，走路带风，雷厉风行。每次与晓丹交流，每次听到同学们在晓丹老师课程结束后的惊叹，我总会想到这场大雨，也总会想到司马光的《客中初夏》：

> 四月清和雨乍晴，
> 南山当户转分明。
> 更无柳絮因风起，
> 惟有葵花向日倾。

有花开，有果硕，有雨相遇，有书声琅琅，当此夏日，通透翠然。

秋

朗润园的秋流淌着金黄，用怎样的词汇去描述它的美都不为过。一到秋天，同事们都变成了摄影大师，每张照片都可以是一张明信片，其中以曹毅老师的作品为代表。

秋日，走入朗润园，光洒在周遭，让人一下子远离了都市的喧嚣，仿佛来到大自然。光让万物绚丽无比，变幻莫测之中透着温暖；光包容一切，又强化了本我，色彩斑斓之中透着力量。

惊喜的是看到"喜鹊枝头侧"，那句"山光悦鸟性，潭影空人心"不期然地浮现在脑海中，也常有"清晨入'庭院'，初日照高林"的感受。

傍晚金辉落下，不经意间，金黄也散落满园，拨弄了一地的秋晕，忍不住学着词牌的韵律，不成文地写下几段文字：

云淡风轻，柳荡一片深绿；遒劲参天，梧桐百载长悠。
檐上嫣红，飘落秋黄，浅浅触动，一任秋风弄红廊。

秋日，迎来MBA新同学。一切都沉浸在迎新的喜悦里，每个人都尽情去学习和探讨。与大家沐浴在朗润园明媚秋日的阳光下，想到奥地利诗人赖内·马利亚·里尔克的《秋日》：

让最后的果实吹熟；
再给两天晴朗的日子，
催它们成熟，
把最后的甘甜酿进浓酒。

秋日，迎来EMBA新同学。当你们选择朗润园时，我们为这个选择而开心。因为这个选择表明我们有着共同的追求，那就是永不会止步于现在。不断进步并时刻为推动进步做出努力，因为我们都知道，这个时代不会满足于现有的成就，而你我需要以更高的标准来要求自己。

秋日，迎来木兰学院新学员，木兰学院的前两期学员也都到了结课模块，此时，金黄、红紫，廊旁、树下。最好的秋时，最美的学习季，我们相遇，开启知识赋能成长的美好。

杏黄秋光两相和，
庭中无风雕碧云。
窗红影疏同入镜，
新知静流细细寻。

秋日，迎来广东的学生。也许阳光、金黄、红廊、灰瓦也懂得这份欢喜，让这个秋日满是温暖。正如其中一位朋友所说："在天天可以创作明信片的地方，真幸福。"

秋日，迎来全国各高校 200 多位老师关于"组织行为学"的教学研讨。我把自己为这门课程设计的教材、更新的案例以及教学的感悟分享给大家，浙江大学管理学院谢小云老师、华南理工大学工商管理学院曹洲涛老师分别介绍了与教学相关的专题，几百位老师问答互动，一起探讨这门课程的教学心得。还记得第一次在北大召开该课程全国教师教学研讨会的场景，北大教务长方兴贵老师拉开教学研讨的序幕，智慧树网技术专家陈弘介绍在线教学模式，葛新与智慧树网的专家提供全程服务，机械工业出版社华章分社的吴亚军老师协同组织，让教学交流如校园的景致，流淌着光明。精心组织、倾力讲授、积极参与，让研讨互动如深秋的色泽，散发着光芒。

秋日，开设了公益"共生课堂"。第一场共生课堂由王登峰、王旭东、龚克、李四龙和段永朝五位老师智慧加持，一场跨界共生的知识盛宴在北大百周年纪念讲堂呈现。第二场共生课堂由李桦、郑培凯、杨震、魏炜和吴云东五位老师智慧加持，在深圳汇丰商学院呈现跨界共生的知识盛宴。第三场共生课堂在上海中心，感恩能够和王蒙、闻玉梅、林建华、朱成虎、王建男、于海六位学者大家，魏炜、肖星和颜杰华三位原点同仁，知室小伙伴以及几十个共生伙伴机构共生智慧。三场共生课堂，为现场近5000人、线上120万人，呈现了跨界的知识盛宴。听众中有带着10岁左右的孩子来的，有带着七八十岁的父母全家来的。线上、线下，开放、接纳、互为主体、共生共存，让知识带来的美好生发与生长。

第四场共生课堂开在顺德，知室携手顺德农商行为顺德300多位企业家呈上知识的盛宴。我们继续打开学科边界、行业边界，协同李培根院士、徐凯文老师、毛继鸿董事长，从不同视角去诠释数字化时代技术、个体、企业和城市如何面对挑战，获得生长的思考和行动。顺德在改革开放40多年中取得了令人瞩目的成就，期待下一个40年，"可怕的顺德人"将继续缔造传奇。

秋日，创新整体论学习成长营正式举办。在一个不确定的环境下，如何让组织自身强大？如何拥有应对挑战的能力？如何真实地理解组织？如何面对互联时代的管理挑战？如何让自己融入环境并获得成长？唯有学习与自我超越，唯有让团队与个人一起学习成长。在知识面前，没有人可以高高在上。每当人类站在巨变的路口，技术都以顾客的名义重构市场的格局。学习者淘汰不学习者，组织学习协同创造价值的企业，淘汰那些固守己见和盲目奔跑的企业。商业财富的格局，就在学与不学之间被重新定义。

秋日，新书发布。2018年，在朱虹和中信出版社的帮助下，我和赵海然合作的《共生：未来企业组织进化路径》与读者见面。当组织处在无限链接之中，寻求新的组织进化路径是根本的选择，这条路径就是让自己成为共生型组织。2019年，在华蕾和机械工业出版社华章分社的帮助下，我和朱丽合作的《协同：数字化时代组织效率的本质》出版，我们在近距离观察企业实践的基础上，探索了数字化如何对组织价值进行重构，以及组织管理的新内涵。

近20年来，我要求自己每年都要出版新书，督促自己跟踪中国企业管理领域最新的企业实践以及组织管理领域最前沿的研究话题。每一场新书发布会，都是一场新知对话，都能感受到出版社、编辑和读者的激励。每一次新书出版，都有来自"春暖花开"公众号的朋友们专程送来书样蛋糕和鲜花，让我惊喜和感动。那一刻，我在心里默念"谢谢大家"，感恩我可以与大家"共生"知识的价值。

秋日，是收获成果的季节。每年我都有机会收到同事们出版的新书，林毅夫老师的《新结构经济学》，姚洋、黄益平等老师的《中国2049》，余淼杰老师的《国际贸易学》，马浩老师的《从竞争优势到卓越价值》，宫玉振老师的《善战者说》，宋志平老师的《经营制胜》，姚洋与席天扬老师的《中国新叙事》，尹俊老师的《中国式规划》，王进杰老师的译著《经典扎根理论》，范保群老师的《二十弱冠》，周宏桥老师的《半面创新》，周月刚老师的《微积分：经济、金融、商务》。

秋日，开启有关创新教育的探讨。"新工科"是一项国家教育战略，为此，教育部力推"新工科"计划，希冀达成工程教育"新理念、新结构、新模式、新质量、新体系"的"五新"目标。在林建华校长看来，新工科既属科学又属工程，培养的是新人才。他还引入另一位教授的视角，比较了北大（文理科）和清华（工科）学生的不同特质。在这位教授的眼中，清华学生都很优秀，每当给学生一个课题时，学生总会追问"有什么实际应用"。相较之下，北大学生则是另外一番特点，比较推崇自由和兴趣导向的研究，不关心有什么实际应用。这位教授看到的情形非常有趣。

华中科技大学李培根院士认为："对技术的理解，往往是工具意义上的理解，实际上还应是人本意义上的理解。"跨界谈文化自信与新工科创新，让人耳目一新，嘉宾们金句连连：林建华校长的工科、理科思维的区别，根叔的"人与存在"的本质问题，黄钢校长的创新教育双螺旋，任万平老师的勤勉之传统，王旭东老师的"敦煌，千年，自信"，杨光明老师的以功利主义对付功利主义,张海霞老师的"新理工男",等等,这些探讨也正显现着"新工科"教育就是跨界的、面向未来的全新教育。

秋日,与朱丽、梅亮、尹俊和刘超四位年轻同事交流,如这流淌的美,渗透在秋光里。想起书中的话:"毕竟,学习是学术精神的灵魂。"和同事们在朗润湖边漫步,此时望向湖面,恰好看到:

寒露深秋,光影婆娑,柳桐叶下,水静天长。

秋之成熟。

(本文成稿于 2019 年)

紫薇

庭院中的紫薇安静盛开,一直由夏转入秋,所以在朗润园,我常常分不清紫薇花开在夏季还是秋季,也可算是半夏时光,轻叩初秋吧。紫薇

花，有一种恬淡却又丰盛、质朴却又娇羞的韵味。层层叠叠的花瓣、伸展舒畅的枝干、单纯朴素的香味，它以自己的方式呈现着热烈的生命，柔逸中带着禅意。

我总是固执地认为，紫薇是一种可与之对话的植物，它能懂得傲然、微小、繁华、寂寞、温柔、刚直、寂寥、热烈。人真正需要的也是与自己心灵的对话，此时，不需要声音，不需要表白，就像庭院里的紫薇，不管人们是否关注到它，自是适时花开，演绎着自己的安适与灿烂。

在我的眼里，妈妈有着紫薇花的神韵。回看妈妈80多年的人生，她总是安然地与环境相处。我把妈妈的生活方式称为"积极的活法"。人生活在现实中，一定不会是一切顺意的，总会有一些不如意的地方，总会有无法达成的愿望，也一定会有凭一己之力无法解决的困难。但是妈妈会全然接受这一切，尽可能简单地面对，用自己可以承受的力量，来担当属于自己的责任。妈妈总是积极地面对她所面对的一切，把一切都视为正常，尽力地过好每一天。

罗素说：

> 世界广阔无垠，而我们自身的力量却是有限的，如果我们把所有的幸福都局限于我们个人的环境之内，那么，我们就难免向生活索取更多的东西，而贪求的结果，一定会使你连应得的那一份也落空。一个人如果能凭借一些真正的兴趣，而忘却烦恼，那么，当他漫步回到一个无关个人的世界时，

一定会发现自己觅得了平衡与宁静，使他能用最好的方法去对付自己的烦恼，而同时也能得到真正的即使是暂时的幸福。

我常常对学生说："'逆来顺受'是一个好的品性，只要我们专注于内在的成长，就不会受到外界的干扰。哪怕是逆境，如果你有能力顺着去接受，它也会变成顺境。"

一位哲人说："在遇到阻碍的时候，河水从来都不会停止前进的步伐；河水会用自身的力量把障碍物击得支离破碎，或者从障碍物的上方奔腾而过，或者从其下方潜行，或者从其一侧绕行；河流永远不会静止，它一直不停地流动。如果可以这样措辞，我会说这是一种充满智慧的随机应变。"我特别喜欢这一句话，"充满智慧的随机应变"。

记得和柴豫荣老师一起去台北参加华人企业领袖远见高峰论坛。与天下远见文化事业群总裁高希均先生交流，可以深深感受到他创设华人企业领袖远见高峰论坛的发心，期待峰会能成为交流的平台，期待每年共聚一堂、共商愿景、共创机会、共担责任、共求合作。在峰会上与大成集团韩家宇和韩家寅两位优秀企业家相见，特别开心，在我步入农牧业时，大成食品给了我很多启发。见到新竹交大的同学、新加坡国立大学的同学、北大国发院的同学，还有许士军老师、吕鸿德老师，也特别开心。许士军老师84岁还在学校上课，一见面他就告诉我，他拿到了新的5年合约。许老师说，与学生在一起上课，就是看遍了四处风光，愉悦了身心。我们又去看了林义明的空行空间、冯亚敏美美的店、黄国芬的明星产品，他们在各自选择的领域中，与变化安然相处，用心情来酌对，如紫薇般，敢于盛开，悠然自得。

人有时是很渺小的，一个人的生命如果用历史做标尺，除了生命走过的痕迹之外，剩下的只是历史的脉络。你可能无法描述祖宗的样貌，但是你可以在历史的任何一种标记中窥见人类的路径，这个标记可能是一块石头，可能是一个陶罐，可能是一个玉器，也可能是此时院中盛开的一枝紫薇。

历史不仅仅具备宽度，它同样具有高度。如果只有宽度，没有高度，历史只是一个记录事件的流水账本而已，不会有质感，不会有生命，不会有鲜活的脉络。

所以，别在意其他，如紫薇，适时盛开就好。

银杏

第一庭院中有一排银杏树，杏叶黄时，这里美不胜收。有人曾这样描述银杏："早春一派新绿，秋来满树金黄。"这个描述可恰如其分地形容此时的朗润园。人们在这个时节进入朗润园，总是忍不住驻足拍照，这片金黄透着光，透着美，更透着生命的绵长。

银杏初黄之时，黄中夹着绿，在明亮的光之下，泛着一层霞衣。杏叶金黄满树时，阳光投射在叶子上，光影浮动。一夜秋风至，庭院被一片金黄覆盖，飘零的片片杏叶，"翻飞未肯下，犹言惜故林"，旖旎无比。

我最初爱上银杏，就是因为这不可言喻的美。后来遇到一位植物学家，他介绍说，银杏树初期的生长较为漫长，一般要生长到20年以后才开始结果实，银杏寿龄绵长，可达数千年。寥寥几句，就让我对银杏肃然起敬。苏东坡有诗赞曰："四壁峰山，满目清秀如画。一树擎天，圈圈点点文章。"

人们形容银杏"苍劲的体魄，独特的性格，清奇的风骨"，我也以此来嘉勉。

参加北大北美校友大会，遇到了令人钦佩的数学家张益唐校友、93岁的学长飞虎队陈科志老先生。

张益唐老师在孪生素数研究方面取得了突破性进展，他几十年默默耕耘，曾用杜甫的两句诗来形容自己的命运："庾信平生最萧瑟，暮年诗赋动江关。"听他现场分享在北大求学时几位老师对他的影响，感受一所著名的大学和好老师留在学生身上的印记，即"始终关注着大问题的进展，时刻想着攻克大难题"。

陈科志老先生特意穿着一身"飞虎队"的制服，胸前戴着抗战胜利70周年纪念章，精神矍铄，全过程全情投入。当我做完报告时，他拉着我一定要合照，随后加微信，把照片发给我，93岁的他让人看不到时间的痕迹。

四季 241

建华校长说:"北大要成为一所伟大的大学,校友的成绩决定了北大的高度。"在洛杉矶遇到这么多优秀的北大校友,由此感知这所大学的高度。

另一场校友会同样让我感受到另一所大学的高度。在乌兰和劳峰校友的帮助下,有机会在洛杉矶与华南理工大学的校友们聚会,前辈蔡建中先生专门把聚会地点安排在久负盛名的加州理工学院 The Athenaeum 教授俱乐部。

侯一钊校友是加州理工学院数学系主任、美国艺术科学院院士、美国科学院院士,蔡建中先生则是一直热心慈善捐赠助教的榜样。与华南理工大学的校友,以及山东大学、清华大学的朋友们相聚在洛杉矶,倾听他们的故事,让我一样感动。

我们一起在 The Athenaeum 这个充满古典气息的餐厅用餐,想着拥有如爱因斯坦这样的著名学者、如钱学森这样的著名学生之学院,看着餐厅墙上挂着的"三剑客"画像,感受着这座拥有着强烈古典气息和深厚历史背景的餐厅别样的味道。

此行美国的另一个目的是参加《领先之道》英文版在洛杉矶亨廷顿图书馆的首发仪式。《领先之道》是我一个长达 30 年的研究计划的阶段性成果。1992 年,我决定开展中国企业成长模式的研究,并确定以长期跟踪企业成长案例为主研究脉络,选择了华为、海尔、联想、TCL 和宝钢 5 家企业。选择这个主题是深受赵曙明老师的影响，我请赵老师做我的博士后指导老师，共同研究中国本土领先企业的成长模式，赵老师接受了我的申请，并陪伴我和海然开展这项研究至今。很多时候我们遇到挑战或者阻力，都是赵老师鼓励并给予了巨大的支持，我因此得以坚持下来。在过去近30年的时间里，我们的研究非常顺利。

中国驻洛杉矶总领事馆庄志哲副总领事、山东出版集团张志华董事长、南京大学商学院名誉院长赵曙明教授，以及加州州立大学北岭分校商学院负责人、加州州立大学洛杉矶分校负责人、加州高级管理学院创始人、尼山国际负责人等约400位中美友人参加了该书的首发仪式。当我和大家交流中国企业成长模式时，在场的美国管理学者和企业家都表现出极大的兴趣，赵曙明教授协同美国的三位教授展开讨论，他们尤其关注我们的研究报告中对中国企业领导者特征的研究。感谢赵美心议员、克莱蒙特研究生大学德鲁克管理学院院长、中国驻洛杉矶总领事馆副总领事、山东出版集团董事长致辞。是大家的支持，让有关中国本土企业成长的研究得以用不同的方式呈现。

建华校长说："我们的生命和奉献是有限的，而北大是永远的。"他鼓励大家：我们每一个人今天所经历的，只是历史长河中的小小涟漪，我们今天做的事情也许微不足道，也许很快被人们忘记，"但正是这日日年年、点点滴滴，才汇聚成了北大的不朽之魂"。

这也如中国学者针对银杏树研究的发现，"银杏古树长寿是生长与衰老过程中多个因素综合平衡的结果"。①每一片银杏叶落，每一棵树干挺拔，或热烈，或孤独，或浪漫，或清奇，安于点滴生长，安于栖息之地，与时间为伴，便有生命的繁茂绵长。

金柳

朗润园几乎由柳树环抱着，门前、山旁、湖畔、后院，高大的柳树如尽职的护卫，守护在园子四周。这些柳树除了高大之外，还有一个令我惊喜的地方，就是在秋季，柳枝会变成金黄色，给人完全不同的感受，我把此时的柳树称为"金柳"。在我仅有的一些认知里，柳树总是和春天联系在一起，"春天伊始，万树吐绿，柳丝摇曳，万柳迎春"。也许是这个缘故，秋天在朗润园遇见金色柳树，真的让我感觉独特而惊喜，也让我充满想象。

"杨柳"一词早在《诗经》"小雅·采薇"篇中就已出现："昔我往矣，杨柳依依。今我来思，雨雪霏霏。"杨柳就是柳树。柳树是中国的原生树种，据考证，在第三纪中新世的山旺森林里即有柳属。史前甲骨文中已出现"柳"字。中国植柳已有四千多年的历史，可以追溯到古蜀鱼凫王封树定界。

朗润园柳树打动我的原因，一是中国原生树种，二是在秋天柳枝呈金

---

① 扬州大学银杏研究团队、北京林业大学林金星团队和林木分子设计育种高精尖中心合作，发现银杏古树长寿并非某单一的长寿基因调控，而是生长与衰老过程中多个因素综合平衡的结果。该研究成果在线发表于《美国国家科学院学报》。

四季 245

黄色。这两个原因引起我的共鸣，就是要特别关注那些走出中国原创之路的人与事，以及他们所取得的成效。其实，研究顺德就是源于这两点，在与顺德互动的20年间，让我得以亲身感受中国创造与顺德模式的成效。

为了迎接中国改革开放40周年，我问自己，到底写一本什么样的书可以致敬这40年。我最初的想法是写中国企业成长的40年，一方面，因为已经有长达30年的中国企业成长观察与总结；另一方面，企业管理研究是我比较容易驾驭的研究领域。但是，我觉得还不能完全呈现我的想法，我花了整整一年的时间来确定选题，最终决定写"顺德40年"。我与顺德20年的交集，与顺德政府和各界管理者20年的互动分享，与顺德企业家和企业20年的互动成长，让我真切理解了成长的内涵，更切身体会到顺德模式"敢为人先"的原创精神，并拥有持续20年的素材积淀。如果说中国改革开放所取得的成就令世界瞩目，那么顺德作为中国改革开放县域经济的一个样板，可以完整呈现这40年发展的核心内涵。

还记得第一次到顺德的情形，那是在1983年我就读于华南工学院（华南理工大学前身）时。我从学校出发去顺德需要乘坐公交汽车到广州大沙头码头上船，渡过珠江，上岸后换乘长途汽车，再经过洛溪水道、三洪奇水道、容桂水道，整个路程要五六个小时；到了90年代，随着洛溪大桥通车、三洪奇大桥通车、容奇大桥通车，交通时间缩短为3个小时左右；再到2000年，高速公路贯通，接着城际轻轨通车；现在，这段车程已经缩短为不到1个小时，顺德与广州已经被称为"广佛同城"。这就是顺德的 40 年，天堑变通途。

1997 年出任科龙集团的管理顾问时，我自己也没有想到，从这一年起便开始了对顺德企业长达 20 年的陪伴。我后来又出任了美的、万和和顺德农商行的管理顾问，以及顺德区政府的企业发展规划以及区域经济发展规划顾问，得以亲见顺德企业与顺德的变化。

从顺德企业家与企业身上，我理解了乡镇企业，理解了产权改革；理解了企业家精神、创新精神，职业经理人与人才发展；理解了制度建设以及市场化。从顺德政府与顺德身上，我理解了政府职能、政府角色、社会管理改革，政府领导人的作用，改革开放政策与具体实施落地措施的选择。在顺德人与顺德生活之中，我理解了地域特征、宗祠传统、饮食习惯与文化特色所显现的价值。

在与顺德结缘的前 10 年，我每周都去顺德，后几年也保持着每个月都去顺德的频率。最近几年因为到京工作的原因，去的频率大幅降低，但依然与顺德企业和政府保持着持续的沟通和互动。感受着顺德不断变化、持续创新的内在驱动力量，也感叹顺德勇于尝试、不满足于现状的自我变革能力。最令我钦佩的是，顺德人走出了一条自己的路，一条被命名为"顺德模式"的路。这是顺德人自己的创新与创造，可以称之为顺德原创，并且以顺德自己的发展模式，取得了令人赞赏的成就。通过梳理和研究，我们发现，顺德之所以取得如此巨大的成就，就是因为顺德人独创的发展模式，其核心内涵是：转变政府角色，明晰保护产权，龙头企业带动，尊重市场规律，敢为人先精神。

在长达 20 年的互动中，我一直记录和感受着顺德。因此，2017 年初我决定邀请《珠江商报》的马志良副总编辑共同为顺德写一本书，把顺德过去 40 年发展的原因以我们的理解写出来，志良接受了我的邀请。我们很快确定了写作的结构与内容，并开始分别收集、整理素材和梳理问题。随后，财经班的学生罗雪挥、顺德农商行的欧阳以标也加入了写作团队。在调研顺德的全过程中，顺德政府相关部门都给予了极大的帮助，很多人都参与了进来，最早研究顺德发展模式的德荣也为此书作序。

作为一位管理学领域的学者，选择了一个跨领域的主题，实在是一个很大的挑战。还好有团队、有众人的支持，而其中给我最大帮助和指导的是其仁老师。

从 2006 年开始，我对改革与市场的认识，绝大部分是来自其仁老师的书，而在决定写作顺德这本书时，我对自己说，写好了一定要先给其仁老师看，由他评阅、指正，我才会心安。驾驭这个话题并不是我所擅长的，我们能做的只是如实地把自己的体验、观察呈现出来。让我感动的是，其仁老师拿到书稿时还在国外，他回到国内后，很快就把意见发了过来。看到其仁老师回复的意见，我很受感动并立即按照其仁老师的意见修改，然后把修改稿送给其仁老师，请他再指导，我再修改，直至最后得到其仁老师的确认。很荣幸，这本书稿也得到了他的推荐。虽然，我知道这本书以及这个研究依然还有需要进一步探讨的内容，但是因为其仁老师，我能更深入地理解顺德发展模式本身的意义。

来到朗润园后，大部分情况下，我都是在远处倾听其仁老师的讲座，更多的情况下，是阅读其仁老师的书或者文章。偶有交流，我也以尽量不打扰到他为准则，因为在我的眼里，其仁老师总是要去面对那些重大命题，总会敏锐观察到关键问题，并充满智慧地给出自己的见解，启迪思考并牵引变化。所以，我要求自己安静地向他学习。但是，对于顺德的研究，我知道自己必须要请教其仁老师，他不仅熟悉顺德企业的发展，也关注顺德企业的发展。当我把自己有关顺德研究的书稿呈给其仁老师时，他给予我的帮助超出我的预期。他不仅加深了我对顺德发展模式的理解，更启发我去思考研究本身的意义，以及如何清晰传达与界定研究价值。

2018年12月《顺德40年：一个中国改革开放的县域发展样板》一书在北大首发时，姚洋老师率先分享了他对改革开放40年成功经验的总结，他认为从哲学层面有三点：第一，邓小平提倡的求真务实精神最为重要；第二，要给地方自主权、给地方试验的空间，因为基层干部对于存在的问题有更深刻的感受和认识；第三，公开讨论有利于凝聚共识，推动改革进一步深化发展。

顺德区委常委唐磊晶，机械工业出版社社长李奇、顺德农商行董事长姚真勇、泛华集团董事长杨天举以及部分顺德企业家，就县域经济与企业发展创新分别分享了自己的观点。

高端对话由中央党校教授钟国兴主持，参加对话的有中央党校教授周天勇和中国信息化百人会执行委员安筱鹏。周天勇认为："面临当前经济下行的状况，从历史经验看，还要以更大的力度推进改革，只有突破性的改革措施才能把速度拉上去。"安筱鹏认为："新一代信息通信技术与实体经济的融合是中国未来经济发展的希望所在。"

从顺德人身上，我最深的感受可以用一句话来表述：改革是信仰，也是行动。

因为顺德与顺德企业，因为珠江三角洲与这个区域的企业，也因为我在华南理工大学工商管理学院工作，让我能够近距离观察企业的实践；与企业家和企业管理者在一起真实的实践，让我有了30年的管理教育与管理研究的收获，让我确定了自己研究的路径及方法，让我得以真正感受到理论的魅力和实践的价值。对实践敬仰，守理论自信，这就是我所选择的管理研究之路。让我特别感恩的是，在华南理工大学出版社卢家明社长、罗月花编辑的帮助下，《陈春花文集》（10本）在2018年顺利出版，让我得以用记录、观察、思考、研究来致敬中国改革开放40周年，致敬中国的管理研究与管理实践。

其实，我来到国发院时就发现，国发院20多年的发展也如顺德一样，以自己的原创精神，走出一条自己的发展之路，并创造出属于自己的辉煌。国发院也可以说是中国改革开放40多年高校智库发展的样板。

我置身于两个样板之中,感受坚持走自己发展道路所带来的挑战与压力,以及坚持自我创造所带来的成长与惊喜,这感觉就如我对朗润园柳树的心动之处:原生树种,秋获金黄。

秋光

当阳光洒满朗润园时,光影之下,庭院外垂柳闪闪发光,庭院内满目灿灿,红窗、绿栏、灰瓦、白墙都涂上了金色,教室内讨论热烈,教室外天高云淡,正所谓:

> 秋光透庭院,
> 杏黄染柳枝;
> 清明碧空净,
> 况有书声趣。

这一季，时光也听从知识的召唤，驻足在庭院里。

时光的长度，总是可以用某种形式刻记下来。最让我理解到这一点的是贝老。《三联生活周刊》的一篇封面文章写道："贝聿铭这个名字，似乎是一个超越了时代的存在。与之相联系的那些建筑物——卢浮宫'金字塔'（1989年）、香山饭店（1982年）、苏州博物馆（2006年）……都被时间证明了永恒性，甚至到2012年，还有一座泪滴状的圣殿在日本美秀美学院落成。建筑师之名，也因为这些建筑而永存。"

因为贝老，我惊讶于光以及光所投射的一切。贝老对于自然光的理解，是自然而然的融合。而融合了光的建筑，变成了永恒。

见到了卢浮宫，我知道了贝老，知道了一个可以在东西方之间、历史与现代之间、人与自然之间和谐对话的人，自此开始关注贝老在各地的作品。先生对于建筑生命与自然交融独特而深邃的理解，对于光的理解，尤为令我震撼。也许建筑是一种独特的语言，但这种语言在贝老那里可以焕发出令人惊奇的力量：宁静、通透、简洁、开阔。每一个与之接触的人，都会恍然发现：单纯即是美。

因为圣和药业王勇董事长的善举，贝老设计了南京六朝博物馆，让我有机会得以近距离接触贝氏设计，并能够仔细倾听该博物馆设计的理念、空间的规划以及材料的取舍。最令我触动的是，贝老以光为线索，把六朝古都呈现给观众，给人天长地久之感。我因触动而写了以下这段文字：

天长地久

天长地久，几朝几代的衡量？还是，亘古之爱，存留在砖石土瓦、桩木彩釉之间。

回望六朝，天上人间魑魅魍魉；感叹今朝，人间天上袅袅天堂。借贝氏的几何与光线的穿透，回望的已不再是历史，而是生活；借圣和的善意与韧性的坚持，感叹的已不再是今朝，而是恒久。

千余年迷失的也许不是六朝帝都，迷失的也许是心安之处。四季会让瓷镀上四季的"青色"而收获如千峰般的翠色；点彩会让瓷嵌入点彩的"斑斓"而收获如无意般的天成。细微的情趣，透出纯粹而自然的境界，也就有了王羲之的秀美与三国好汉的豪情。仰望厚重的城墙，没有生活本意的存在，实在就是一种迷失，这该是六朝博物馆给我的启示。

谢谢王勇董事长用极大的善意来回报社会，让我们有机会一睹六朝古都的风采。每个人都会贡献自己的价值，只要你付诸行动。站在极具贝氏风格的光庭中，知道心有可安之处：出于善，处于义，存于行。这会是天长地久，经六朝、经千年、经今朝。

有意思的是，女儿为了让贝氏设计师们看懂这段文字，把它翻译成英文，然后发信息给我："老妈，您的短文翻译难度好高啊！短短四百字，花了我 3 小时 20 分钟去翻译。感觉翻完您这篇，脑子要烧掉了……"

因为女儿学建筑的缘故，与贝氏接触的机会又多了一点点。女儿发来哈佛大学设计研究学院师生为贝老百岁生日唱生日歌的视频，一个人，因其执着的付出，让一所大学与之发生恒久的关联。贝老把光引入了建筑中，也把恒久注入了生命里。

发起成立"北大未来教育管理研究中心"时，创始主任林建华教授说："各个领域的未来领导者，正漫步在我们的校园里。"因此，我们必须使教育释放真正的意义与价值，如果能够这样去做，知识与知性的光辉会让这个巨大的体系更具有真善美的特质。使学生把自己放在一个更长久的价值追求、更广泛的价值贡献以及推动社会进步的视角下，来展开自己的所有行动。

是的，我们该"直面生活的'苟且'，坚持理想，砥砺前行"。我们开始"用客观的眼光看待现实世界发生的种种现象"；我们会"挑战自我，静下心来雕琢一个更好的自己"；我们会继续"保有高昂的学习热情与热心公益的社会情怀"；更重要的是，我们会一直相信，从而"坚持不断学习，拥有乐观心态"。这是国发院老师对学生的期许。

喜欢张丹丹老师说的："为什么要经受这种学术训练？在我看来，其意义正在于培养一种'不将就'和'不妥协'的精神品质。而具有这样品质的个体将会体察思维的自由、生活的精妙和时代的契机。"

喜欢沈艳老师说的，人生三门主要必修课为"挫折""谦卑""底线"，"合理设定预期，恰当自我评估，守住抉择底线。只要大家专注于寻求当下最好的解决方案，并且修好各自的人生课程，就可以自己去找到答案。"

喜欢刘国恩老师说的："关于时间维度，自然应当包含历史进程的前后延伸。时间越长，越能看清一个道理，为人处世，只要克服短视，从长计议，终究利大于弊。""对于志在振兴的中华民族，作为世界舞台主角的历史遗产并不丰富，还得更加开放地学习、自强不息。多做君子。"

喜欢林双林老师说的："北大毕业生是天之骄子，过去、现在和将来都是同龄人中的强者，应该发扬人性中利他的一面。把弱者的苦乐也当作自己苦乐，胸怀天下，我想这就是北大人的情怀。"

喜欢永好董事长说的："坚持学习、不要停止，学习会给你带来好运气。永远坚持值得坚持的事。你们的坚持，可能会改变世界的未来。在这一生请尽最大可能保持诚实。对他人诚实，对自己诚实，对社会诚实。"

对于教育的信仰，让我们确信知识的力量穿透在我们的生命里。德鲁克认为过去150年，知识推动了社会的根本变革。而在这个技术驱动变化的时代，我们更需要以全新的方式理解知识，理解自己对自然、地球和宇宙所承担的责任和使命，那就是让知识推动世界繁荣与人类进步，而这一切，都取决于知识创造本身的价值。

如何实现知识创造，这是一个持续发展的命题。我想到三位先哲，他们以知识创造照亮了人类。从他们身上，我理解了关于实现知识创造的三个观点。

第一个观点：主体觉悟。苏格拉底认为，真的知识必须由内而发，由主体的觉悟而生。对于苏格拉底来说，批判精神是重要的，承认自己的无知是获取知识的前提条件。

第二个观点：超越感知。柏拉图让我理解，感知的世界因为不稳定而不能成为真正认知的对象。在他看来，这个世界上所有被感官觉察到的物体，将会以另外一种形式存在，我们不能真正了解这个世界的感知，因此，知识所要探究的是永不消亡的形式。这的确是研究的巨大挑战，然而，这也正是知识本身的意义与价值。

第三个观点：高于自我。老子让我们理解，"道"并不是我们必须尽力遵循的"理想"，而是通过我们自身的选择、行动和努力，不断重塑自我。《道德经》开篇"道可道，非常道"，就是告诉我们这个道理，你可以重塑自我，当你这样做时，你就接近了"道"。

主体觉悟、超越感知和高于自我，这是人类先哲给我们的启示，也是他们带给人类的"光"，也是知识本身。让我们回到先哲们所处的轴心时代，人开始意识到存在整体、自身和自身的界限，如果没有这些能凭借逻辑寻求事物本质的智者，人类还在混沌之中。

屠格涅夫说："有些东西被创造到世界上，只不过是为了紧靠着你的心口，就只生存那一瞬间的光。但那光，叫永恒。"

屠格涅夫还说："知识是光，无知是黑暗。"

知识所赋予的光，此时正落在朗润园。

冬

老舍在散文名篇《济南的冬天》中曾写道："济南的冬天是响晴的。"我觉得以此来形容朗润园的冬天也极为合适。明亮的阳光、挺拔的树干、干净的枝条，蕴藏着生机，并等待春之萌发。下雪时，被雪覆盖的庭院是这个季节最亮丽的风景线。看着它，你只剩下感叹："最美不过一片雪。"朗润园的冬夜，透着一些清凉的气息，却又伴着灯光散出淡淡的温暖。

冬天，意味着挑战、忍耐、坚持和煎熬。有时是挣扎，有时是考验，雪莱说："冬天来了，春天还会远吗？"有时又是白居易的"绿蚁新醅酒，红泥小火炉。晚来天欲雪，能饮一杯无？"的美好。如果能"围炉夜话"，有内心深处的共鸣，冬的感受则会是温暖的代名词，陈明哲老师常常给我这种感受。

作为动态竞争理论的创始人和国际管理学会前主席，明哲老师享誉海内外，是全球著名的管理学者，更是华人管理学界的榜样和骄傲。当明哲老师邀请我为《明哲文选》作序时，我很惊讶，我不敢怠慢，因为我特别想知道，他究竟是如何走过来的？他开创的理论体系为何能够影响全球？他坚持的思维习惯和处世哲学是什么？他对管理研究、管理教育以及企业实践，分别有哪些忠告和建议？拿到书稿后，我第一时间通读了《明哲文选》（1～3卷），我想要的答案全部呈现在这套文选里，而且远远超出这些问题本身。

透过《明哲文选》，读者可以感受到明哲老师所彰显的学者风范，也可以更好地理解"坚持却和顺"的"中和"之道。孔子认为"和而不流，强哉矫！"是"强"的最高境界，明哲老师更是践行的典范。所以我以"明哲老师的'精一'与'双融'"为题，写下了我的阅读体会，相信读者会收获更多。

有人说赫尔曼·黑塞的作品隐含了一个奇妙的道理，那就是"文字能传导知识，但只有事实才能激发智慧"。明哲老师更让我感知到这个奇妙的道理。我们从探讨中国企业全球化的问题开始，围绕着所发生的事实展开对话，就如在文津酒店，他坐在我的面前，娓娓道来。大部分时候，我们在邮件中以文字交流，也会相约在线视频对话，我们共同关心的正是发生在身边的各种事实。

他在邮件中告诉我，他最近很担心美国以及全球疫情的发展。中美文化思维的差异让他深感忧虑。他与全球其他国家的企业领导者一直保持沟通，他认为："这是我们这一代人必须面对的问题。"我与明哲老师有着同样的担心，也深知疫情的确让一切发生了变化，这些变化会更加体现在学术研究与学者价值上。明哲老师对此非常有共鸣,他在来信中说:"25年来,我对中国管理学界的后续发展一直有忧心与担心。正本清源、道正风气,你我的责任不轻,有机会再细谈此一大事。"

明哲老师的一句"正本清源、道正风气,你我的责任不轻"让我震动,也让我深深认同。我们虽在不同国家,却在尽一个学者此时能够尽到的责任。我以最快的速度为中国企业写了一本《危机自救:企业逆境生存之道》,这本书的两场直播和一场对话活动,获得了超过670万人次的观看。很多企业家带领团队一起观看并讨论学习,他们纷纷告诉我,这本书犹如定海神针,帮助他们从慌乱、茫然和未知,转向内求、接受挑战、改变自己并采取有效的行动。我还和知室小伙伴为企业迅速设计了20堂在线课程,课程所得款项全部捐给了参与疫情防控的医生和科学家们。

当我把自己能做的事情汇报给明哲老师时,他非常肯定这些努力,并写下了激励我的文字:"感谢你在此时此刻给予国内企业家安定、安心的力量,甚至于唤起他们'爱人'的本心。稻盛和夫'敬天爱人'四字,此时想来,更为发人深省。"事实上,明哲老师所做的更多,他发起了全球不同国家的企业家对话;在美国开展"救人救命"的工作;继续如期举办中国管理学者交流营活动。甚至就是对我这样一个晚辈,也保持着密切的沟通。看到全球疫情防控的情形,明哲老师非常担忧。我们一起分析现象背后的本质,就如他所言:"如果以此来看此时'疫情'下的种种,更困于'媒介信息真假难辨'之境,缺失'中和'也就无法各归其位,万物如何生机?"

我在此引用明哲老师给我的两段话,这两段话于我而言,需要反复理解,内化于心。

"坚持却和顺"其实就是"用中"的表现。有太多的人就是因为只"坚持"却不"和顺"而孤芳自赏,弄得高处不胜寒。"和顺"二字出自"和顺于道德而理于义"(《易传·说卦传》),义者,宜也。《论语》中也说"礼(理)之用,和为贵"(《论语·学而》朱熹注:"礼者,天理之节文")。有一类人是得理不饶人,另外一类人则是不问事理,只要不得罪人就好。最难的就是,既要坚持道理,又不伤人,和合、恰到好处为贵。这就是"中"的力量。

孔子认为"和而不流,强哉矫"(《中庸》)是"强"的最高境界,因为内持并践行了中庸之道。其实,文化双融只不过是中庸现代的英文白话版。从我的角度,"中"的用,不管是对中国人,还是对中国的企业,都可能是华夏智慧与现代中国管理给世界的最大价值。

在明哲老师身上,我特别深地感受到"坚持却和顺"之风范,这也是其真正"强大"之处。"中和"一直是我所向往的,也是不断历练自己的方向,我一直很喜欢"和"这个字,觉得它最能体现中国文化的精髓,我所理解的"和"是"和顺",是"自然而然",是"融合"。而明哲老师所言的"中"的力量更是关键,是达至"和"的关键。

和明哲老师的交流,以及他在信中的回复唤起了我很多的回忆。小的时候记诵《中庸》的"喜怒哀乐之未发,谓之中;发而皆中节,谓之和"时,还不能真的理解,直到我能够理解"慎独"之意,我才开始慢慢理解这句话的基本含义,也越发觉得"中"的确是最根本的,"和"则是真正的修炼。循天性而修身,如明哲老师所言,可致"和而不流"。

在我为国发院校友所创办企业的一本书作序,因一些有关新兴创业企业的研究探讨而遇到误解,甚至遭到网络攻击时,我向明哲老师请教,也把自己的疑虑、委屈和困顿告诉他。明哲老师见到邮件,立即相约视频电话,并回复邮件给我,告诉我他的立场和看法。他以自己的导师在给EMBA同学上课时讲的一个故事来启发我,并把导师在93岁时写给他的字以附件形式发给我。他告诉我:"字虽然美,但是我看到的却是他的心、他的爱,以及他最殷切的期盼。分享共勉,并祝阖安。"

为了开解我,明哲老师引领我一起去探讨"反求诸己"的内涵。明哲老师写道:

> 回到心灵的层面,这正是您反求(问)诸己、"明心见性"的最好时机。"明心见性"是佛家用语,我较熟悉的儒家也有相近的说法。孟子说"尽其心者,知其性也",能够充分关照自己的信念,听从自己内心的声音而行事,是因为了解自己的本性("Who am I?")。《中庸》则说"唯天下至诚,为能

尽其性"，只有完全真诚、坦然地面对自己、了解自己，才能够将本性毫无保留地发挥出来，全然地活出自己。

与明哲老师的每次交流，我都能感受到一种温暖的力量。明哲老师每次的分享都让我非常受益。最重要的是，明哲老师坚定了我继续走下去的信心，我想自己不会因外界干扰而困顿，无论遇到质疑还是误解，我都要坚定。那一段时间算是我的至暗时刻。在明哲老师的开导下，也在很多朋友、同仁、学生以及家人的帮助下，我终于战胜了自己。

我们继续探讨疫情之下那个"不再熟悉的世界"，如何与企业一起寻找"新的成长方式"。而《明哲文选》也顺利在中国出版发行。"这套书就是我，我就是这套书。"这句明哲老师自己的评价，在我内心中更是引起共鸣。阅读文选，就是感受一位良师从学生的内心深处引发思考与觉悟。

《危机自救》在"全民阅读·全国书店之选"活动中，被千家书店推选为"年度十佳财经作品"，并被"全国书店之选"作品集收录，同时获得了新智囊2020年度最具价值经管图书TOP10。除了感恩，还是感恩。感谢读者，感谢勇于在危机中实现超越的企业家、管理者、华章和知室共同的加持和帮助。

2020年底，明哲老师邀请我、张瑞敏先生一起做一次在线交流，作为第十一届动态竞争国际论坛——变局·反思·超越：企业的新战略思维（暨《明哲文选》(1～3卷) 新书发布会）的一项议程。我们一起探讨了优秀领导者的特质、"人单合一"的挑战、如何让人文跟上科技发展的步伐、数字化时代谁是主体四个大的主题。对话的过程，也是我面对面学习的过程，明哲老师和张首席所展示出的博学、通透，以及扎根现实的精神、驾驭问题的能力，在这个特殊的冬季给人以智慧的温暖。

华莱士·史蒂文斯说："人必须有一颗冬天的心，去细看霜华和积雪的松枝。"我则认为：人必须有一颗温暖的心，去细看冬和寒冷裹挟下的世界。明哲老师就有这样一颗温暖的心。

蜡梅

想不到朗润园里有两株蜡梅，在百花凋零的隆冬绽蕾，一朵朵小花在枝头绽放，金黄剔透，色似蜜蜡，诗人云："冬雪纷纷若坠云，山江隐隐正昏沉。疏林冻水熬寒月，唯见一株在唤春。"据说，蜡梅的名字，还是一代文豪苏东坡和黄庭坚取的，这也让我对它情有独钟了。

蜡梅总会让我想起闻玉梅院士，今年87岁的她，总是神采奕奕，充满智慧，乐观幽默，却又执着刚毅，无止境地创新创造。我受她的免疫学知识启发，找到了"共生"这个概念，并形成了对"共生型组织"的定义。听她唱京剧，惊艳四座；与她交流，总是受益无穷。

闻院士送我一本她母亲桂质良博士的书，这本书的下篇是桂博士于1942年以英文出版的著作《我们的孩子及其问题》。从简洁的前言开始，就深深打动我。这是一位科学家的视角，更是一位母亲的视角，她如自己所写："带着智慧、理解和慎重的态度去对待每个个体。"我记下很多真知灼见，更感动其同理心与爱。她的"不要失去耐心，也不要期待奇迹"亦成为闻院士的座右铭，也刻记在我的心里。

我决定在戈16回归日和戈17启动日上，与大家分享我学习桂质良博士这本书的心得，分享的题目是"让自我进化成为一种习惯"。

桂博士直接告诉我们："一个无法否认的事实是，人是具有内省能力的个体。"正是因为这样，不断成长与教育应持续成为每个人重要的组成部分。

我常常想，如何理解个人"发展"这个问题，有关"成人心智发展"的观点给了我启发。这个观点认为："成人心智发展有三个不同层次，第一，'规范主导'层次，在这一层是拥有团队精神、忠诚跟随者的领导者，与团队保持一致，寻求方向上的指引。第二，'自主导向'层次，在这一层是目标驱动、学习如何领导他人的领导者，拥有自己的价值观与视角框架，善于解决问题，能保持独立。第三，'内观自变'层次，在这一层是能退省反思全局、学习如何学习的领导者，具备多样视角，能同时把握不同的矛盾，发现问题，并保持独立和相互依赖。"㊀

㊀ 凯根，莱希，等. 人人文化：锐意发展型组织 DDO [M]. 薛阳，倪韵岚，陈颖坚，译. 北京：北京师范大学出版社，2020.

为什么人类在 2020 年被打得措手不及？因为缺乏成人心智发展第三个阶段的内观自变。人们向规范主导、自主导向的发展已经足够，但是内观自变的心智还没有成长起来，不但没有解决问题，反而在不断加重问题。

为什么要转向内观自变的心智阶段？因为我们需要用新的方式、新的理念、新的世界观来重新认知这个世界。因此，对大家的要求不仅仅是拥有规范主导的能力，有团队精神；不仅仅是拥有自主导向的能力，能够领导他人并以目标驱动；还要求大家拥有内观自变的能力，发现问题、处理矛盾。

事实上，如果我们面向一个全新的世界，我们就需要发展出全新的能力，成为能够运用内观自变心智为外在世界赋予意义的学习者。也正因为如此，我才与同学们去探讨自我进化的问题。

真正的成长，一定意味着一个人在其内心深处触碰到某种根深蒂固的局限性。我相信走过戈壁的同学一定很熟悉这句话"宁可西进而死，决不东归而生"（玄奘语），也很清楚就是这样一个人，以一己之力为人类开启了一扇智慧之窗。

如果你理解玄奘，你就会理解，大漠之下，重要的并非甄别情境本身，而是如何回应情境的挑战。我特别希望每个人把焦点专注在成长上，而不是竞技上，这样可以帮助我们把赛事变成内观自变的训练。戈壁的训练会让我们知道自己的局限在哪里，每一个局限都是一次边界成长的机会，只要知道局限在哪里，你的边界就可以有机会重塑，局限就能够被重塑为一种成长边界。

我们不仅要管理外部世界，更重要的是管理我们自己的内心世界。真正的领导者训练，是管理自己的内心，而不是管理他人。所谓"管理自己的内心"，就是内观自变。如果你能处理矛盾、保持独立又相互依赖，你就拥有了管理内在世界的能力，你才可以成为一个真正的领导者。

桂质良博士是中国精神科发展史上第一位女性精神病学专家、第一位儿童精神病学和心理卫生专家、第一位出版精神病学专著的专家，也是第一位去美国留学学习精神病学后归国开展精神科工作的专家[一]。这四个第一是结果，在一片贫瘠的土壤上培育全新的物种，其过程之艰辛恐难想象，但是桂博士不仅破土育苗，而今该领域已经长出大树，硕果累累。

桂博士告诉我们："在我们整个生命不断损耗的历程中，养成良好的习惯具有非常经济、高效的作用。"她同时又提醒我们"不要失去耐心，也不要期待奇迹"。真正的自我进化，一定是一个漫长的过程。在这个过程中，我们没办法松懈，也没办法期待奇迹的出现。所有结果的出现都来源于过程。所以我们必须要训练自己，既要关注结果，也要关注产生结果的过程，让自我进化成为一种习惯。

向桂博士学习，成为一株蜡梅，于严冬开出鲜活的生命。

[一] 王祖承. 记中国第一位女性精神病学专家——桂质良教授[J]. 上海精神医学，2011，23(3): 191-192.

梅花

朗润园后院的梅花，如王安石的《梅花》中描述的那样：

> 墙角数枝梅，
> 凌寒独自开。
> 遥知不是雪，
> 为有暗香来。

梅花的独立，让它完全引领着寒冬，于萧瑟中窥见生机，于风雪中表达力量，于冰冷中释放温暖，于沉闷中增添气息。梅花盛开之时，寒冬便有了迎来春天的转折点。

如果要让我用一种花来形容朗润园，我想到的就是梅花。梅，"独天下而春"，不畏寒冷，昭示春天，象征吉祥。"宝剑锋从磨砺出，梅花香自苦寒来"更是国发院老师们的群体画像：耐得住寂寞，专注于研究；不为外物所扰，不与外世相争；于纷繁的诱惑中，保持独立；于复杂的世界里，呈现纯粹；于变化的大潮中，直面波涛。

梅花可以说是纯粹灵魂的释放，不受周遭环境的影响，它以自己的花语，传递大地复苏的讯息。漫长的冬季被一阵淡淡的梅花香加速缩短，让树木、花草、河流重启新的生命旅程，不再是简单地重复过去，而是全然迈入新未来。梅花以寒冷与孤独的名义，让芬芳破晓。

梅花，是天生的思想者。陆游形容它："已是黄昏独自愁，更著风和

雨。"王维说："来日绮窗前，寒梅著花未？"毛泽东说："待到山花烂漫时，她在丛中笑。"梅花俏立在冰雪中，并不在乎风雨摧残，它只思量着适时盛开，笑迎烂漫。梅花不及牡丹富贵，不及樱花绚烂，但与之相比，却更能产生生命的张力，那种纯净的孤傲，凝聚出更持久的意愿，栖居着无限的"未来"。

每每见到含苞待放的梅花，知道那是冬离去的足音和春到来的回响。每每见到傲雪盛开的梅花，知道那是以纯粹和简约的精神作为报偿，迎来满园春色缤纷。梅花，思考的是与整个大地的关系，呈现的将是万物生命苏醒之美，如此这般，让我们建立起对春天的绝对信仰。

也许，在朗润园的梅花，对这一点更加了然于胸。

记得姚洋老师介绍国发院精神时用的三句话：严谨的学术，参与中国的历史进程，开放的精神。他说："我们要用严谨的学术态度来研究中国。我们要有学术的关怀，就是对经济学、管理学，甚至对政治学，学术上要有所贡献。""我们关注中国现实，老师们都有一个非常坚定的信念，就是我们在书写历史，我们是历史的一部分。"国发院就是这样，"立足中国，'根'在学术"，以坚韧的学术追求，建立起对国家发展的绝对信仰。

在一个充实快乐的周末，迎来了 EMBA 同学四天的课程。有的同学 6:30 就到教室等待上课。每一个小组的作业，每一个同学的发言与提问，每一次课间的交流，以及结课时的一首词、一大束鲜花，我们在后院梅花下的合影，大家与梅花相映的笑容，一个挚爱学习而又活力无限的班级，让教学满是美好。

迎新春的夜晚，老师和学生们齐聚一堂。李鸿老师带领下的教师大合唱拉开序幕，校友基金会成立，弥渡孩子们真挚的爱的呼应，充溢着善、欢乐、惊喜、创意与美好。各个班级的各种节目创意无限，每一年相聚都是彼此的加持，带着欢喜，迎接新一年的到来。

温暖而又独特的夜晚，静谧中透着温和，BiMBA 的同事们追忆过去，畅想未来。伴着夜色，应李鸿老师的邀请，去观赏北大教工合唱团 30 周年庆典的和声，萦绕在如歌的岁月里，让美好暖暖地铺陈开来。

梅与冬春的交互，衬托着新知与心智交融的和谐。我们的成长由我们所获取和分享的知识决定。在这个有点儿冷的冬天，嗅着梅香。知识赋能，唤醒了春的气息。

冬雪

雪花飞舞时，朗润园如童话般存在。冬雪飘飘洒洒铺满园，它们就这样不期然地出现在眼前，甚至找不到文字去形容。

每个人都想留住此时朗润园的样子。记得有一次夜间飘雪，我忍不住跑出去看，走在雪中的朗润湖畔，踏入雪下的朗润园，眼前是：

素颜更近冬夜静，
雪落无声亦有情。
万花飘落拥素裹，
小灯映雪夜读书。

这一刻的朗润园，就是我心目中的理想之地，可以超然于外部世界飞速发展的变化，可以让自己安置在能够被赋予生命的地方。

在朗润湖边，遇到邻居邓宏魁教授，他凭借在人类干细胞基因编辑领

域取得的成果，荣登2019《自然》年度十大人物。《自然》杂志对邓教授等十位科学家的评语是："他们对科学发展至关重要。"我们常常探讨一些"无条件愉悦"的事情，他会笃定地说："我们处在一个'革命性'的时代前沿，巨大的变化就发生在未来的10~20年，会有根本性的技术出来，你只要等得起。"他把自己安置在"生命科学的终极梦想"里，开辟了一条全新的实现体细胞重编程的途径，给未来一种全新的可能。

在中关新园，遇到樊锦诗老师与《我心归处是敦煌：樊锦诗自述》的撰写者顾春芳老师，我们都被樊老师感动，听她安静地介绍这本书，得到她的签名本，一种单纯的深厚笼罩在周围。顾老师在谈到她和樊老师的对话时，有这样一段文字："她（樊锦诗）说，过去有位前辈对她说过一句话，'要想在莫高窟生活，首要的功夫是要耐受住这里的寂寞'。也是在那天晚上，她对我说，大家都认为留在敦煌是她自己的选择，其实她有几次想过离开敦煌，我问她'最后为什么留下来？'，她说'这是一个人的命'。"樊老师把自己安置在敦煌，在"莫高窟"守护人类的神圣遗产。

守护神圣遗产，开辟全新未来，每一个被赋予生命的地方，都因有单纯的安置，在单纯而持久的安置中，看到生命本身的活力。

我在想，人内心中总会有英雄情结，命运与力量的组合所萌发出来的气质，是人内心的渴求，这种气质也是人在宇宙中与大地保持联系的最初始之因，有着永恒的精神质感。这气质正是人们伫立在原野上、大漠中萌发无限力量的内在源泉。随着漫天飞舞的雪花，思绪飘向遥远的英雄世

四季

界,手触到雪花的温柔,是最原始也最真诚的敬意。

曾经在雪中去看《瓦尔登湖》,只为感受梭罗说的:"我愿意深深地扎入生活,吮尽生活的骨髓,过得扎实、简单,把一切不属于生活的内容剔除得干净利落,把生活逼到绝处,用最基本的形式,简单,简单,再简单。"

亦曾在假日到松本小住,在传统日式民宿酒店的几日让我忍不住写下这样的文字:

　　谦逊透着勤勉,
　　空间被精细设计着,

却有不落陈规的清新。

室外依然有车声的喧杂，

尘世的浮躁却归去山边，

无视外域，

自在听泉。

当郭毅老师发来"天空的院子"时，我一下子被打动，毫不犹豫地接受邀请参加"地方创生——本土性之美"的在线讨论，更开心的是由此认识了何培钧老师、张明珍老师和陈奇老师。

其实，第一次看到"地方创生"这四个字是在日本，之后就爱上了这四个字。仅仅从字面上理解，我以为就是"在你所在之地创意生活"，想着、念着都觉得美好。那种建构和创作，所呈现的是人与环境的呼应、美与生活的呼应、人与美的呼应。所以，我特别喜欢这四个字所带来的真实的、整体的、勃发的却又和谐的意义，不会有陌生、疏离、干扰与混乱，在不同的空间里创造出美好的共生性，让归属感有了可见的真实性、可触碰的真实感，也由此萌生出自豪与欢喜。正如英国诗人济慈所说，"美的事物是永恒的喜悦"。

管理作为一个研究领域，并不是一个单纯的概念，而是与它所存在的组织紧密相关的一种活动，也是与人所生活的环境息息相关的活动。正所谓"一方水土养一方人"，我想这就是"管理的本土性"。我正是从这种本土性出发，研究基于本土性产生的企业实践活动，从中去探析企业价值创造的过程，从而获得对于管理的真实理解，以获得我们在创造管理价值过程中的主体性发展。

假如我们对生活的意义有一个正确的理解，对管理研究与经营价值、本土文化创生之间的内在关联有一种内在的理解和融合共生的关切，管理研究的本土性之美就可能由理想变为现实，就可能帮助我们获得所期待的理论之果。我们能够收获研究的喜悦，取决于我们能够理解本土性之美，能够理解多样性和创造性。

本土性让我们与自己的生存之地形成天然的亲和力；本土性让我们拥有赖以生存的根基从而得以永续创造价值；本土性帮助我们在一个万物互联的世界里获得明确的生存空间；本土性意味着我们有机会以其独特性为世界的多样性和互动性贡献价值；本土性正是我们能够与世界对话的支点，而这也恰恰是学术生命力的源泉。

阿巴斯·基亚罗斯塔米说："我喜欢冬天，我觉得令人神清气爽的寒冷舒适而有生气。其他季节的到来要慢得多，但一次席卷、一场雪暴、一次白色的政变，就彻底改变了风景。世界被雪覆盖，失去了细节，一种新的、极简主义的美显现。"

雪中的朗润园就是透着这种"新的、极简主义的美显现"，令我们能够在此把自己安置在知识创造之中。

承泽园

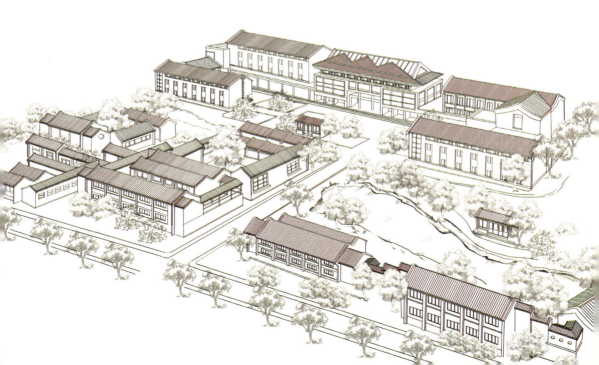

承泽园

位于畅春园之西北、蔚秀园西南。承泽园恰好位于畅春园、圆明园与颐和园这三大园林的中间地带，园内山水和清代楼阁、宅院错落，是清代皇家园林的代表之一。

道光年间（1845），承泽园被赐给寿恩公主。

光绪十六年（1890），被赐给总理海军事务衙门作为办公场所。

光绪十八年（1892），园主人为庆郡王奕劻。

光绪二十六年（1900），八国联军劫掠圆明园，其周围园林亦遭毁坏，唯承泽园幸免于难。

1949年，由张伯驹购入。

1953年，被北京大学购得。

1998年，为北京大学科学与社会研究中心教学科研和办公场所。

2015年，北京大学国家发展研究院承泽园院区正式奠基。

2021年，为北京大学国家发展研究院及南南合作与发展学院教学办公区。

"承泽"意指承受恩泽，出自《淮南子》中的"修务训"："绝国殊俗，僻远幽闲之处，不能被德承泽，故立诸侯以教诲之。"承泽园距今已有近300年的历史，比朗润园的历史更久远，是一座名副其实的古园林。民国时期白文贵在《闲话西郊》里曾这样描绘承泽园之美："挂甲屯之承泽园，乃庆邸花园，特以水胜，池沼深广，可以泛舟，陂陀参差，花木繁茂，菡萏盛开，香闻园外。"

这座园子曾是皇子和公主流连、长成之所，允禧曾记："一桁曳风赏，闲云忽凌乱。俯瞰水底天，长吟过溪畔。"也是文人墨客赏花、吟诵之地，张伯驹则叹："怕黄昏却又黄昏，独对阑干半月痕。犹忆旧园人散后，梨花满院月当门。"词后有注："旧居承泽园多梨花，枝枝带雨，半似啼痕。宴客赏花，客散后，月夜每与相对。"1951年，他更是在承泽园举办"重三禊集"汇集诗词精英40人，规模空前绝后。在他那里，"承泽有园经易主，停香无院可为家"。承泽园是永远的家。

承泽园虽历经磨难，洗尽铅华，从那些曾经的文字里，依然能够窥见其骨架与芳华，就如甘地所言："国家文化蕴藏在其人民的内心和灵魂之中。"当园子重获修缮，古树、古桥、上马石、门石、庭院、群楼，错落在承泽园开阔的空间里，张伯驹的那一句"百年易过常为客，一席能安即是家"便浮现了出来。

走入承泽园，迎面可见一座敞轩，敞轩连着古桥。敞轩的一端，与现代衔接在一起；敞轩的另一端，却又守着历史。一座古桥，一座敞轩，透过300年时光，穿越了历史与现代，同样承受了300年风雨浸淫的上马石与门石，如今也安然地享受着自在的时光，如悠远的光阴回响。登楼远望，玉泉山上的玉峰塔尽收眼底，似乎把承泽园延伸至更远处，朦胧着与山相拥，尼采的"我的灵魂平静而明亮，宛若清晨的群山"也在此时呈现眼前。

慢慢在园中散步，踱步在古建筑群中，斗瓦飞檐，红门雕梁，绿柳婆娑，流苏繁茂，琼楼璀璨。微步轻移会带来不同视角的变幻，错落的庭院，透着自然的舒缓，又令人回味无穷。昔日园主们的跌宕起伏，沉淀在岁月里，交给花草树木，浑然天成。

穿行在现代建筑群中，宽敞明亮，质朴细腻，精致淡雅，从下沉式的花园拾级而上，无限魅力的几何空间，智能的教学设施，温馨的研究区域，更有利于开展高质量的教学与研究。今日园主们的承前启后，传给万千学子，静心释然。

慢慢在园中散步，想着那300年的时光，在一个晴朗的下午，熠熠生辉，忍不住也如曾经于园中吟诵的诗人那般，写下今日的承泽园之歌。

风滑过门石
光的味道也许留在灰瓦里
流苏给你碰撞
如光阴砌起孔桥蓄着温暖
透着柔和气息令周遭安宁

翠柳环绕
庭院错落
起落间升沉家园
远近处挂碍岁月
那是会唱歌的亭阁
共光影古朴浑厚

星月静谧漫移屋檐照壁
云雨浸润铺衬红柱灰墙
冷暖色调
交织着
于己反思
于外洞见
东西知行
古今和鸣

敞轩

这座敞轩安静地位于承泽园的中心,这是不是300年前的位置,我不得而知,但是敞轩状态如昔,门前安置的上马石、贯通的五孔桥,让一切恍如昨日。站在敞轩中,会想起明惠上人的一段遗训:"凡修行佛道者,无须求全责备,但若醒于松风,邀月为友,自然天成,进退自如。"

在人类技术与能力突飞猛进的今天,人如何约束自我,如何以更加敬畏之心面对自然与生命,如何在纷繁的机会与无止境的欲望中时时反观自我,时时照应自然,不仅仅寻求如何进,更要寻求如何退,是对每个人的挑战。

　　这让我想起 2020 年底，陈明哲老师、张瑞敏首席和我的一场对话中探讨的一个话题：如何让人文跟上科技发展的步伐？感谢贤青和白尧两位老师的记录，我得以摘录以下内容。

　　陈明哲：不论是数字化转型还是物联网转型与发展，在我看来，最核心的都是要思考科技与人文之间如何整合的问题。这也是我最担心的问题。我们所有物联网的设计，甚至于整个互联网的思维，都是围绕客制化，大陆称为定制化。但客制化的终极结果是让"习"越来越远，即"性相近，习相远"，各人的习惯越发不同，最终造成人与人之间的距离越隔越远。

当人文跟不上科技，客户至上最后的结果可能是人心变得浮躁，甚至受制于"物"，这个"物"是物联网的"物"。这是这个时代共同的问题。正因为如此，科技越进步，人的满足感、成就感甚至于幸福感可能不上反下，我很担心这种情况。

陈春花：我跟陈明哲老师的担忧是一样的。走到今天，数字技术发展的速度与人文的步伐确实已经不匹配，数字技术对我们的生活，甚至包括我们对生命的理解都带来非常大的冲击。我常说两句话：第一句，我最担心的并不是机器像人一样思考，而是人像机器一样思考。从智能化的发展方向来讲，机器肯定是不断地去接近人的思考模式、学习模式，甚至生存和逻辑模式。这种情况下，如果人也像机器一样思考，人就真的会被淘汰。第二句，数字经济的一大特点是用信息、数字和技术想办法绕过人。以前的技术、设备和机器是在帮助人，比如你没办法跑得太快，车帮你跑，手没那么长，有各种工具帮你。但这次不同，这些新技术和新工具真的想把人绕开，替代掉人。

AI跟人组合之后的组织形态变化有四种可能的模式：第一种是互利共生，机器和人都得到好处；第二种是偏利共生，可能有一方没有得到好处，但另一方得到好处；第三种是偏害共生，一方得到好处，但另一方是受害的；最后一种是吞噬替代，直接把一方吞噬和替代掉。这是未来人机之间可能存在的四种情形。

我实际上也特别担心技术变化之后，人跟不上发展或者被吞噬替代，人的意义和价值就没有办法释放，这不应该成为技术和人进化的方向。

今天为什么要特别强调"科技向善"？为什么强调不能仅仅考虑股东或企业的利益最大化，而要让社会变得更美好？我相信大家都会意识到技术本身带来的另外一方面的影响。

在这个问题上，我的基本想法是：第一，人有明确的主体意识。我对这一点一直很有信心，这是很重要的部分。第二，真正去理解什么叫作"约束"。当你真正能理解约束这一概念的时候，你会知道技术的价值、技术的创造和价值本身的意义，这是一个非常明确的概念。第三，我自己用的一个词叫"共生"，即跟社会、跟世界甚至跟自然共生的逻辑，万物共生，万物共存，而不仅是万物互联。回归到传统的华夏文化，我认为《道德经》更能够解释物联网、互联网技术下的世界状态，互联、互为主体、万物共生和共存。从这个角度看，我认为还是要往积极的、乐观的方向去讨论这个话题。

我与明哲老师为什么要共同研究海尔这个案例，讨论新的全球化背景下的问题？一是我们在海尔身上看到了全球化的雏形和方向；二是基于新全球化背景下三个最重要的因素：其一，技术的全球化。不管怎么讨论中美之间的问题，技术本身已经全球化，这是没有办法回避的。其二，进步的力量。人类有一种很强的力量，即不会停在某一个阶段，而是会共同进化。不会因为某个不想进化的个体而受阻碍，整个进化过程会朝着一个方向走。其三，动态竞争的逻辑。竞争本身具有动态性，是有生命力的，这样一种生命力会不断地往前推动，体现在我们看到的过程中。

在这个点上，我又开始对企业家抱有很高的期待。以前讨论企业家精神常常使用"创造性破坏"这一概念，但在今天，我更赞同张首席对企业家精神的描述：企业家不仅要创造性地破坏，还要"创造性地培育"，"培育新土壤"，产生更多的生存和变化的可能性，以及新的机会和价值。

张瑞敏：陈春花老师刚才讲的一点很重要，就是到底谁是主体？在数字化时代，人是主体，而不是数字化是主体。

以色列学者尤瓦尔·赫拉利在《今日简史：人类命运大议题》中写道："我们不是数据巨头的用户，我们只是它的商品。"它们通过收集我们的数据来控制我们的购买行为。正如现在的电商一样，流量为王，人不是主体，每个用户只是流量的一分子。在互联网时代，每个人都是网络的一个节点，这个节点与各个方面发生关系来产生自己的价值。否则，数字化也不能更好地发展下去。

又回到这个问题，为什么说"人单合一"？"人单合一"

的目的就是充分发挥每个人的价值，特别是在互联网和物联网时代。德鲁克曾说："互联网消除了距离，这是它最大的贡献。"那么既然消除了距离，为什么不能让每个人成为中心？我认为让每个人成为一个中心，每个人把自己的价值发挥到最大，就可以保证数字时代更好地发展。前段时间有一些文章在批判电商，说电商消灭了实体店，我觉得这个不对。不要反对技术进步，重要的是在这个进步当中怎么样让人永远处在主导地位。

陈明哲：这个还是回到人本。前段时间美国四大科技公司到参议院听政。现在物联网的发展，大家最担心的就是赢者通吃（winners take all）。刚刚两位也特别提到，不管是互利共生或者双融，甚至于直接讲"人"跟"物"，这个"物"是物联的"物"，怎么双融？怎么共生？这次的疫情其实对人类是一次很好的警醒。我一个朋友的12岁小孩问他妈妈："是不是因为我们人类在生态上面有太多的破坏，最后细菌只好跑到我们身上？"共生也好，双融也好，系统也好，人类的文明甚至文化本身是一个大的生态。

陈春花老师提到"主体意识"，我有两个想法：第一，"知人者智，自知者明"（《道德经》），更重要的是人要回到了解自己上来，人类是主体。第二，因为科技的发展、人工智能的发展，人也要有更大的谦卑向机器学习，这是我很强的感受。

最后我用华夏的"元"智慧来对应互联网和物联网，以帮助大家以古喻今或者古今双融。一方面是互（物）联网的特征，从人性出发，它具有很强的公共性、去中心化、无国界、移动性、虚实融合、万物互联等特征。另一方面，华夏文化与之对应，互联网是从人性出发，华夏智慧是从元智慧出发，这个元既是原始的"原"，也是水源的"源"，就是我们讲的奉元。孔子最大的贡献就是改一为元，奉元复性。华夏元智慧与互（物）联网的特征对应如下。

互（物）联网的公共性对应华夏文化的"天下为公"，去中心化对应"群龙无首"，无国界对应"唯天为大"，移动性对应"行胜于言"，虚实融合对应"文化双融"，万物互联对应"惟精惟一"。因此，在互（物）联网时代，华夏文化在管理上有机会发挥更大的价值。

这场对话非常质朴地描绘出人与技术、人与自然、人与未来一体融合的境界，融为一体的唯一途径，就是在相应的范围内改变我们自己。就如这座敞轩，经300年磨砺，由旧及新，于古建庭院，于新建楼宇，都自然而然，浑然一体，仿佛我们已经有着前世今生的缘定。这份亲近感，让站在它身旁的这棵孤独柳树也有了挡不住的欢喜，藏着古老时代的气韵，却以真实的存在散发着时光所蕴含的魅力。

五孔桥

　　五孔桥的出现给我们一个巨大的惊喜。它沉睡在属于自己的土地上,以一种独特的、静默的方式,守护着承泽园。来到古桥前,有一种感觉,仿佛最后湖水散去,这座五孔桥在深处泥土的包裹下,将300年前的光的记忆封印在重重的黑暗中,到了现在这个寻求存在与意义的年份,才从沉睡中被唤醒,出现在我们的面前。

　　唤醒的过程,也是感知觉悟的过程,也是受惠于他人的过程。当获知要修缮承泽园时,台塑集团创办人王永庆决定捐资2000万元用于古建修缮,以支持国发院的教学与发展,这笔捐赠也成为王永庆向中国教育界的临终之捐。承泽园的重新唤醒,得益于很多人的善举,而今我们看到的发

树楼、永好楼、腾讯楼、格林丽荣楼、木兰小院、润泽心桥……每一份爱心都寓意着:"承泽"不仅是历史,更是现实与未来。

张佳利和韩文昊两位老师分别将古桥的细节部分呈现给我看,那些曾经散落在地上的桥板、围栏,那些曾经深埋于地下的桥体、桥墩,可见当时的心境与美妙。而今,这些印刻着岁月痕迹的石材不再平整,更显沧桑,却有着历经岁月的存在感。它们超越了初始之美,以一种压倒性的力量直逼眼前人。在你透彻感知时光之外,还要体味到夹杂着责任与选择的张力,明了真正的美可以耐得住长眠于地下的黑暗,最终以一种合适的方式重现。

现在,国发院与这座从地下挖出来的五孔桥在一起,每天就这样承载着新一代人的目光和脚步。我也是其中一员,有时,感觉自己就像是被留在300年的时光里;有时,又感觉自己就是300年时光的延续,不是简单地修缮与复制,而是做好了准备,让时光涂上这个时代该有的颜色;有时,又有一种忐忑从内心滋生出来,唯恐自己一不小心,便深陷于古老的遗迹中,裹足不前,辜负了这重现的美。

近200年的朗润园、300年的承泽园,我们做好了准备,与古建园林、皇家园林在一起迎接时间的检验。在《异类》一书中,马尔科姆·格拉德威尔分析了功成名就所需要的条件:一个人出生的时间和地点对其未来成功与否至关重要。无论是否赞同他的观点,我们都得承认,生长环境是一个不容忽视的元素。来到这里的学子们,很难再找到一个更好地融合中西、融汇古今的地方了。这里有着中国文化的独特韵味:内嵌于心的慈善之举、明确无疑的全球视野、严谨有素的专业训练以及家国情怀的担当。承泽园与朗润园一样，已经准备好了被赋形。

从朗润园到承泽园，有时间的交叉重合，更有微观宇宙层面的共鸣。两个园子都有着古建园林的优雅，透着色彩与时光恰如其分的交融。视线穿过灰瓦宝顶，落到护卫在四周的柳梢上，想着这是几百年的凝视，既慨叹又敬畏。既为园子主人们命运的兴衰而慨叹，又对古老院落及其树木深感敬畏。虽然从微观宇宙的层面，我惊叹于园子得天独厚的景观，但它们所带有的某种忧郁色彩的过去，也会要求我们更充分地去认识和理解。

这里是北大的独特地标，也是圆明园的组成部分，由一条水系连贯着各种赐园错落在一起。沿河蜿蜒的各种花木，参天大树，空气中浮动的花香，或有蝉鸣，或有鸟语，小径通幽，星光点点，正是在这座庭院修缮一新之时，从朗润园来到承泽园，过去的辉煌才得以淋漓尽致地重现。

尽管这两座园子一直以自己曾有的历史为傲，但它们并不是陈列历史的博物馆，与此相反，它们充满着活力与生机，与时俱进。新与旧交织在这个地方，赋予了同时代命运密切相连的使命与奋斗精神。

漫步在园子里，你会陶醉于古建庭院的独特魅力，又不至于因往昔的风采全然窒息。

一种新的、独特的、混合的、开放的、让人难以忘怀的气息，笼罩在承泽园的上空。

两株古树

承泽园有一株古树流苏。北京市现存 4 万余株古树名木中,登记为古树的流苏树屈指可数,其中一株就在这里。当我来到它的面前,仰望其高大的树冠,想象着初夏满树白花的清丽,人都醉了。

就如我喜爱朗润园梧桐一般,承泽园的古树流苏也是我的偏爱。它同样高大茂盛,同样孤傲于世。如果说朗润园的梧桐让我想到赫尔曼·黑塞

的《树木的礼赞》，以及栖止庄子凤鸟鹓鶵的那棵梧桐，那么承泽园的流苏则让我想到三毛以及三毛笔下的那棵树："如果有来生，要做一棵树，站成永恒。没有悲欢的姿势，一半在尘土里安详，一半在风里飞扬；一半洒落荫凉，一半沐浴阳光。非常沉默、非常骄傲。从不依靠、从不寻找。"

我特别期待初夏的到来，那时，蔚然如雪的流苏花已经盛开，密密匝匝地挂满了树冠，那柔美的洁白，如童话般带着梦境。有人说流苏在每个开花季都毫无保留地绽放一树胜景，我不知道那将是怎样的盛况，但想到是 200 多年一季复一季的灿烂，便肃然起敬。

这株流苏偏安在承泽园的一角，远离国发院的教研工作区。以视线去触碰，仍可感受那份站立 200 多年的果断与自信。曹毅发来她拍摄的流苏近照，于夕阳下，树干遒劲有力，树冠向天舒展，往昔的优雅与荣光在这株古树上尽显无遗。

文昊告诉我，承泽园还有一株古树国槐。据说，京城人有着很深的槐树情结，"古槐、紫藤、四合院"是旧时京城人家特有的风貌。1987 年 3 月，北京市第八届人民代表大会第六次会议审议并通过市人民政府建议，确定国槐、侧柏为北京的市树。自古以来，国槐乃是吉祥典雅的象征，且被认为与文运有关，因此，国子监和贡院会栽植槐树。知道这一点后，我觉得承泽园有一株古树国槐，也实在是再恰当不过了。

有意思的是，承泽园的国槐，却让我想起桑德拉·希斯内罗丝在《芒果街上的小屋》中的"四棵细瘦的树"："它们的力量是个秘密。""它们向

上生长,也向下生长。"她写道:

> 它们是唯一懂得我的,我是唯一懂得它们的……它们的力量是个秘密……假如有一棵树忘记了它存在的理由,它们就全都会像玻璃瓶里的郁金香一样耷拉下来,手挽着手。坚持,坚持,坚持。……当我太悲伤太瘦弱,无法坚持再坚持的时候,当我如此渺小却要面对这么多砖块的时候,我就会看着树,不畏水泥仍在生长的四棵,伸展伸展从不忘记伸展的四棵,唯一的理由是存在存在的四棵。㊀

特别喜欢这个小故事,总是被这四棵细瘦的树的专注和韧性所感动。在我心目中,承泽园的国槐应该也具有这样的专注与韧性。

承泽园因有这两株古树,从日出到日落,延续着生命的韧性,哪怕庭院落寞,哪怕人去楼空,哪怕世代更迭。古树恰恰叩响了通向历史的门,依靠回声引导未来的路。

我总是充满敬意地仰望古树。在其树冠之上,一定栖息过多样的生命,也一定遭遇过风电雷雨、霜雪骄阳,古树孤傲于世,一定是包容和接纳了这一切。200多年的共生,由弱小至参天,这也是生命的灵性,也是内在的本质,利他共生,才可生发出自己。两株古树强大的自我,正是参透了生命的真谛。

㊀ 希斯内罗丝.芒果街上的小屋[M].潘帕,译.南京:译林出版社,2006.

事实上，你需要锚定在某个地方，在你觉得力不从心的时候，可以回到那个地方，那个地方就是你的核心价值所在。在一个充满不确定甚至有点孤独迷茫的环境里，你必须独自去面对时，你需要在这个地方安顿好自己的心。

喜欢承泽园的这两株古树。因为它们，承泽园也许会成为你的锚定之地。

发树楼

发树董事长说："有 100 万元时捐出 33 万元；有 1000 万元时捐出 300 多万元；1999 年建发树慈善基金，捐建小学、中学、茶学院；2010 年捐 5 亿元建新华都商学院；2016 年捐 1 亿元给北大国发院；2017 年捐 2 亿元给新华都商学院（二期）；2018 年北大 120 周年时决定分期捐资 5 亿元；2020 年捐 3 亿元给新华都商学院（三期）。慈善要早做、持续做。"

我 11 年前参与创设新华都商学院，就因为感知到一份情愫，这情愫注定带着温暖的特质与气息。发树董事长用他一贯的秉性把温暖倾注在这所学校里，让一个一个普通的孩子，可以走上巅峰；让一个一个单纯的生命，如稚嫩的幼苗，生长出强劲的根系，总有一天会长成参天大树；让一个一个懵懂的青春，如雨后春笋，悉数苏醒。

每次参加新华都商学院的毕业典礼，最期待的是发树董事长的毕业致辞以及他与毕业生对话。他说："小时候没有机会读书时，天天梦见读书，所以有钱了就决定捐赠教育。"他告诉学生们，无论做什么，都要有韧性，要坚持和不断创新。他还分享了自己的座右铭："有仇不报，有恩必答。"他是这样想的，也是这样做的。以下是他与学生的部分问答。

问：发树董事长，您是怎么做到保持持续创新能力的呢？

答：1973年不能读书后，我做每份工作都很努力，每一年只休息大年初一这一天。到近20年后的1992年，大年初二大雨，才决定休息多一天。想持续创新就要比别人努力。另外，遇到任何事情都要乐观，要坚持。

问：您在创业中最遗憾的事是什么？

答：我没有遗憾。我没有过去，只有未来。如果陷在遗憾里，就陷在过去里了。过去只是记忆，不是遗憾，关键是看未来。

问：年轻人面对人生转折，如何选择？

答：踏踏实实，想做的事情要专注，不要急躁。碰到危机和挫折，要冷静。如果什么都要，有可能什么都没有。

问：您对我们的未来有什么忠告？

答：你们是本科生，如果有机会还建议继续学习。如果去工作或者创业，专注地做好一件事。从小做起，从每一件事做起。诚信做人，按章做事。

问：这么多年，您觉得最宝贵的是什么？

答：最宝贵的是时间和身体。有时间，可以培养更多人。身体好，可以创造更多价值。生活有规律，身体健康。有时间、健康，可以多帮同学、同事，传递社会正能量。

问：是选择还是个人努力更重要？

答："爱拼才会赢"是闽南的精神。努力和运气都重要。

运气就是积德。命和运都很重要,但是你不努力是无法得到好命运的。我每一天都很努力。

问:就业这么难,如何面对?

答:读书是无止境的。只要把书读好,把研究生读好,新华都商学院的学生不会找不到工作。

问:创业经历哪些最难忘?如何创业?

答:扎扎实实做一件事,不要太乱。只要你专心,每个行业都有机会。创业要专心。

问:很多人对大学生创业比较悲观,您如何看?

答:大学生创业很多,失败也很多,还是要按照自己的性格去安排。只要肯吃苦,就不怕找不到工作;只要不怕失败,就能去创业。

问:您在生命中是否遇到过难以跨越的坎?如何克服?

答:一路走来,我做过的事情永远都不后悔。也会有错,错了就改,不要纠结。有信心就去面对。

今天,发树董事长把这份对教育的情愫传递到了承泽园,在这里延续着慈善的温暖、公益的光泽。我为新华都商学院五周年写下了一段文字,也是承泽园发树楼启用时的内心所感:

有一个你,温暖着学生的心。在静谧的夜晚,窥见明亮的星;在明朗的早晨,迎接绚丽的朝阳;在宽敞的教室,汲取丰厚的知识；在宽广的校园，锤炼健壮的体魄。画一般流过的岁月，雕刻属于学生们的情结，也让温暖就这样恒久地温存着。

永好楼

永好董事长的创业实践始于中国改革开放全面展开的 1982 年。他与三位兄长一道，变卖手表、自行车等家产，筹集了 1000 元人民币作为创业初期的投入。他们历经磨难，坚持不懈，以 8 年时间创建了中国最大的本土饲料企业集团——希望集团。从 1000 元白手起家的"赤脚"创业者，到联合创立希望集团，再到创立新希望集团。如今，新希望集团在全球 30 多个国家和地区拥有 600 多家分、子公司，13.5 万名员工，并于 2021 年入选《财富》世界 500 强，位列第 390 名。

我有幸到新希望六和任职，切身感受永好董事长作为一名优秀的企业家所具有的精神风貌、创新精神、责任担当与家国情怀。而在日常的管理工作中，最令我钦佩的就是他的学习精神。无论什么时候，你都可以看到他拿出本子，倾听和记录，他自己说："有人说，我是企业家里的常青树。如果非要我说一个秘诀，那就是学习，持续不断地学习。我有随身带个小本子的习惯，不管和谁沟通交流，我都习惯边听边记，到哪里参观考察，我也是一边拍摄记录，一边思考学习。"

永好董事长告诉大家："在新希望，我们'三像文化'里有一个文化是'像学校'，我们以同学互称，把学习看作是和空气、雨露一样自然的存在。学习不仅让我今天能站在这里和你们分享一点可能有用的经验，让我拥有一颗还能和你们对话的头脑，更让我在工作和生活中看到了人生的颜色。"

永好董事长在经营上有句名言："领先半步。"这一方面是因为他一直坚持稳健经营，另一方面也意味着他不会停留在原有的优势上，而是要求自己顺潮流而动。他的稳健与变化，使得他总是能把握时代的脉搏，走在时代的前沿。他告诉我们："首先低下头，第二讲诚信，第三要创新……只有这三个往前看，我们的企业才能够进步，才能够保持活力和健康……"

企业家的高度决定了企业的高度，企业家的视野决定了企业发展的格局。永好董事长的学习力，也使得新希望被誉为中国民营企业中的"常青树"。在过去40年的发展中，新希望能够因应环境的变化，自我转型实现超越，他总结为："要解好转型的大课题，就要了解大气候，把握大脉搏，坚持埋头拉车、抬头看路、仰头看天三结合的行动方略。"

永好董事长的持续学习力让新希望集团一直走在行业的前列，并持续创造独特的价值，来到数字化时代，新希望又提出践行"新商业文明"，即"通过组织再造和数字化转型成为新型企业，是企业人通过商业帮助人们实现更美好生活而做出的努力。为此，新希望坚持长期主义，致力于成为智慧城乡的耕耘者、美好生活的创造者。"

特别是近十年,中国经济格局呈现出新特征,转型升级成为时代主旋律。新希望应用"新机制、新青年、新科技、新赛道、新责任"的五新理念,提出了"产业+平台"的大企业解题模式,使坚持以农牧食品为主业的40年大企业焕发出新活力。新希望"产业"坚持实业定位、工匠精神和科技升级,让传统优势产业不断发展精进,进一步发挥头部企业的行业

引领作用和社会责任价值；新希望"平台"打造、支撑、扶持志存高远的合伙人及企业，在"战略共识、事业共创、风险共担、价值共享"的四共文化下成就一批"专精特新"优质企业，成就千千万万奋斗者。在新希望的平台上，已经有实体企业近百家，合伙人近 500 位，在各个细分领域走出了一批"鸡冠""牛头""独角兽"……

多年来，永好董事长和新希望集团致力于振兴乡村。针对新农人培训，我们启动了"10 万绿领"公益培训计划，如今这个培训已经持续了 3 年，超过 6 万人受益。接下来，我们将在全国筛选 50 名优秀基层干部到国发院培训，联合举办"村长班"，培养乡村基层治理骨干。当他捐赠支持国发院的发展建设之时，也把乡村振兴的大计融合到国发院的研究与教学之中。

2021 年，永好董事长来到国发院的毕业典礼，为毕业的学子们送上三个锦囊：第一个锦囊，"坚持学习、不要停止，学习会给你带来好运气"；第二个锦囊，"永远坚持值得坚持的事。你们的坚持，可能会改变世界的未来"；第三个锦囊，"在这一生请尽最大可能保持诚实。对他人诚实，对自己诚实，对社会诚实"。

这既是他送给年轻学子们的锦囊，也是他对人生的智慧总结，更是一位企业家的视野、格局和担当。

腾讯楼

过去几年的时间,我有机会参与腾讯企业文化提升工作,这项工作真正的挑战,在于腾讯自身。在腾讯企业文化 3.0 实施一年后,即 2020 年,腾讯集团出品《三观》年度特刊,我也为此写了一篇文章,题目是《观自己》,我在文中写道:

> 今天,技术对世界和人们日常生活的影响,如何强调其重要性都不为过。因为技术让我们感受到前所未有的价值冲突、伦理困境、隐私与安全困境、公共安全与个人自由之间的冲突。我们需要思考如何建立广泛的信任;如何让科技为人类服务,而不是与人类为敌;如何实现包容性的增长而不是垄断;如何既提升整个社会的智能化水平,又解决更多就业问题;更需要关注的是,如何缓解数字技术带给所有人的焦虑,等等。有证据表明,我们害怕在未来看到的很多场景,如经济崩溃、气候变暖、资源战争、病毒、达到石油峰值等,在今天已经发生。
>
> 这一切的挑战,首先考验的就是数字技术的领导者。大家应该记得今年美国有关科技四巨头的反垄断听证会、中国有关互联网企业的监管与整改要求,人们已经在全球范围内对数字技术的价值创造进行反思。
>
> 从腾讯明确提出"用户为本,科技向善"的新使命愿景以

来，持续关注与共同探讨其价值发展成为我的一个选项。在疫情期间，腾讯与很多数字技术公司一起创新了CSR（企业社会责任）的新模式，主动承担各项社会治理责任，为全民疫情防控阻击战提供及时、高效、精准、专业的帮助，极大地提升了疫情防控效率和公众生产、生活质量，创造了巨大的社会价值。

除疫情外的挑战，同样巨大而且充满着不确定性。中美关系不断恶化，微信在美国被卷入争端；行业生态的变化，数据与数字技术、数据治理与监管渗透到各个领域，金融、零售、教育、医疗、制造的变革全面展开。这一切都是对企业明确的考验，透过产品与服务，透过员工行为，透过领导者的决策，透过顾客的真实体验，透过对危机应对的响应速度，等等，企业的价值主张每一刻都要经受住考验。

马永武把腾讯文化出品的年度特刊《三观》快递给我，以"观世界""观价值""观人生"为主线，记录腾讯2020年的成长和主要变化。马化腾在前言中写道："正直是一种信仰，正直也是规则和底线。我们坚持正直，是因为相信这样做是好的、对的，不是为了'成功'。当然，不能剥夺我们坚持正直纯粹也能成功的机会，尽管可能会更难一些。对正直的坚持，吸引了一批秉持同样价值观的同路人，也帮助我们自省、反思与向善，这是腾讯一路走来的基石。"

安东尼·克龙曼（Anthony T. Kronman）认为："科学创造了它无力填补的一个空洞，是引起当代人烦恼和渴望的原因。"如果我们只关注现实的需求，只关注人为的、外在的甚至被称为科学的评价尺度，我们会丧失自我。这也是我对于数字技术领导者有更高期待的原因。同样，我对腾讯也有更高的期待：拥有知识的力量而约束其不成为权力；拥有技术改变世界的可能性而承担更大的责任；融合于产业的进步而分享更有意义的价值；以敬畏和强烈的责任意识，全神贯注于客观世界，致力于造福人类世界。

这无疑对一家企业的文化与组织能力提出了全新的要求：首先，要敢于自我否定。不断审视自我内在的价值观，需要询问企业是什么？企业应该做什么？这也是我把此文题为"观自己"的原因，以内求与内观来不断省察自我，组织才能够从外而内重构自我，获得成长的力量。

其次，要真正敬畏责任。科技产品和服务能够改善数十亿人的生活，它们在创造前所未有的财富的同时，也窥见了我们每一个人的"内心"。我们不能高估自己，反而需要更加谨慎和小心，让责任成为组织的基点，成为组织中每一个成员的基点。

核心是"科技向善"，也必须向善，这本身就是对组织能力的一种考验。真正的信任与信息安全是用户信任科技的基本元素，而这需要深入组织成员内在的认知与行动之中，而不是停留在理念层面。史蒂夫·乔布斯曾经说过："人类创作最根本的灵魂就是设计，而这个灵魂最终通过产品或服务的外在连续表现出来。"企业的产品与服务正是企业灵魂的外在表现。

关注腾讯的企业文化建设，让我想起《连线》杂志联合创始编辑约翰·巴塔勒（John Batelle）的一段话："从给世界创造变化的角度看，商业是人类最具弹性、最具重复性、最为有效的机制。"因此，商业的领导者更应该认真对待自己的责任，商业机构的成员更需要遵循向善的准则，开发伟大的产品，造福社会，增进美好。商业领导者更需要考虑自己的行为对整个世界所产生的影响，更要理解自己的行为对未来的人们所产生的影响，技术领导者在开展业务的同时，必须以长期、可持续的方式为未来创造机会。

而今走在腾讯楼里，所需要的也正是时时"观自己"。

格林丽荣楼

格林丽荣是周延的选择。他告诉我："格林丽荣，前者是我的事业，后者是我的家人，'格林丽荣楼'意味着我希望能把个人对事业和家庭的热爱，都留在我的母校北大国发院的承泽园里！"

我和周延的第一次见面是在 2017 EMBA 班（简称 E17 班）开学典礼上，他作为学生代表发言。他以企业家对社会的担当为核心内容，表达了对自己和同学们的期望，给我留下了深刻的印象。开学之后，我知道他出任 E17 班第一届班长。他热心服务团队和热爱学院的行动，让我对他有了更深的认识。随后，我们在一起交流的时间多了起来，他对我和学院的很多工作都给予了无私的帮助和支持。

我和 E17 班课程之外的缘分，是因为自己的一个想法。也许在小镇长大，而顺德又曾是我主要研究的小镇，所以，我一直关注乡镇发展与县域经济。当我以管理为核心研究领域时，对顺德的持续调研、与顺德政府与企业的互动，让我对县域经济发展中领导干部的素质和能力所产生的影响有了极为深刻的认识。顺德能够在改革开放中走出一条创新发展之路，与这一点息息相关。从 2003 年开始，我跨入农业领域，为了做好企业，了解农村市场，我曾经走遍山东省的每一个县，这些县的不同发展特色和水平，再一次让我感受到县域经济发展中人的价值与作用，尤其是县一级领导班子的作用。

我到国发院工作后，感受和理解到国发院的使命，便想做一个有关"帮扶县域经济发展"的项目。我的基本想法是借助于国发院经济与管理研究的资源，以县为单位，帮助提供县级领导班子成员的学习培训工作、提供该县的经济发展状况调查，以及提供经济发展的科学规划。为了让这个项目得以实施，我把我的想法告知了 E17 班同学，并提出希望有一个长期公益基金来支持这件事。让我想不到的是，E17 班的同学积极响应，在短短的时间内就建立了"E17 班级慈善公益基金会"，全力支持"帮扶县域经济"项目。先是周延率领的第一届班委倾力支持，成为大家坚强的后盾，王平出任首任理事长，完成首批募资；随后，第二届班委接棒过来，胡林、贺涛、慕雷、史立斌、胡捷等同学为了这个想法多次与我沟通，他们所做的比我最初设想的还要多。有这样的班委,有这样传承的班级同学,我深为我们的 EMBA 同学骄傲,也深深地被他们所做的一切感动。

E17 班级慈善公益基金参与支持的第一个"帮扶县域经济"的培训班如期在朗润园举行,此次参加研修班的国家级贫困县(包括县级市)领导干部主要来自河北、河南、陕西、江西、湖北、湖南、云南等省的 11 个国家级贫困地区,其中,云南弥渡县委领导干部是学员主体。云南省大理

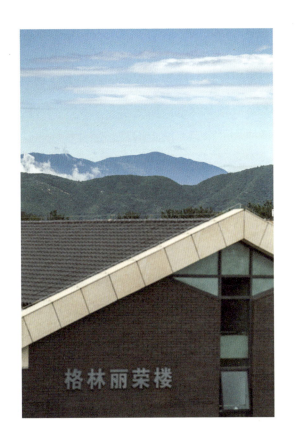

白族自治州弥渡县是北京大学对口支援、精准扶贫的国家级贫困县。第二年培训班继续进行,这一年是以甘肃瓜州为主的县委领导干部培训班。

我把"爱与善,你我彼此唤醒、相互守望"这句话送给 E17 班级慈善公益基金会,而他们则把这句话真正落实到每一个项目里。当胡捷把他们在弥渡"我在深山有远亲,一班帮一村"助学公益活动的照片发来给我时,看着孩子们被深深感动的笑脸,我知道,他们是把北大的精神和价值观传递给了孩子们,为孩子们埋下了自尊、自信、自强、自立的种子,期待他们成为可以帮助别人的人,成为爱的光源、善的火种。

这爱的光源、善的火种同样也在周延的心中。我到周延所创立的公司参观,可以处处感受到这家公司"长期主义"的价值追求。周延认为:"所谓长期主义,就是你敢进窄门,愿走远路,瞄准长线收益的目标,忽略眼下的困难,重视每一个微弱的优势,坚定且持续前进的一种行事理念。"周延和我探讨生命科学领域产业发展的问题,我们谈得最多的话题还是对生命的敬畏、对承诺的坚守以及对科学与技术的尊重。而对于责任与长期主义的价值观坚守,体现在他的日常行为中。2019 年 4 月,周延被同学们共同推举为 E17 班级慈善公益基金会的联席会长,他在从香港飞往北京的飞机上发信息给我,告诉我他的选择。他在内心里一直认为:"慈善来不得虚伪,公益做不得虚假。任何践行慈善公益之名的善举,都理应名实相符,都应受惠于人,受教于己。"所以,在他认为自己没有精力参与具体工作时,他捐出了款项,但申请辞去联席会长的职务。他守护责任与慈善公益正念之选，我非常认同。

周延的勤奋与谦逊同样留给我深刻的印象，我们常常在各种行程表的空隙之间寻找交流的时间。我们探讨企业发展的问题，共同关注的话题是：如何构建企业文化的核心竞争力，构建企业的技术创新能力，构建吸引优秀人才的事业平台。我能感受到他为此所做的努力和付出。2019年新年时，我们探讨如何定义"大"以及"伟大"的问题，周延告诉我他的想法："或许真的有人是'生而伟大'，而更多的人是'生而努力'，努力让自己成为一个有正心、正念、正行的人，多学习，多努力。"

正是他的努力、正念，让我们处处都能感受到他的责任心与公益心。他在接受邀请出任第二届校友总会会长时，为了慎重对待这个邀请，他专程飞来和我讨论了一个下午，我特别感动他对这个职责的认识，他告诉我，他深知这个职位责任重大，因为这是与北大、与国发院联结在一起的称呼，这也是国发院两万校友的期待，更是凝聚校友一起为追求社会进步所搭建的桥梁，他愿意成为传承者、连接者和建设者。

为了让校友会发挥更好的作用，以及形成可持续发展的组织形式，他找我商量他的整体设想。他从确定使命和愿景出发，设定了明确的目标以及实现目标的行动方案。他以极大的热情与军慧一起规划设计校友总会的组织系统与日常运行体系，并把这些系统的架构设计和基本想法完整地与我做细致的交流。这些沟通和交流，让我感受到他的用心以及担当责任的习惯。在出任校友总会会长的仪式上，他说道：

身为国发人，我们理应有比其他学院更高的标准和内心追求，应该心怀人生的梦想，应该有家国情怀，有大爱之心，要敢于在平凡的世界里勇敢地去追求中国进步，追求社会进步，同时，要自我约束并对人生有所敬畏。

更重要的是，还要有良知与情怀、使命与担当。一个优秀的国发学子，必须要有使命感和理想，这是做好一切大事、难事所必备的基本素质，更是面对未来重重艰难险阻而不改内心之志的根本基石。

我们相信，决定某一个校友总会上限的，从来不会是能力，而是格局，格局见结局！

北大国发院校友总会一定要努力构建一支兼具理想主义、耐心和强大执行能力的服务团队。这将是一群充满家国情怀的志愿者团队，服务校友，不计回报，只求奉献，只要我们的母校北大国发院持续进步、光荣！

我知道周延热心家乡建设，热心教育公益，他是西湖大学的捐赠人，如今也是承泽园的捐赠人，这些发自内心的行为也源于他对"富与贵"的认知与选择。他曾微信发来他去美国游学时的思考，他在这次游学中展开了一次面对未来的思考，即"如何从财富的积累走向财富的使用和财富的影响，特别是如何从丰富的生活走向丰盛的生命"。他得出了自己的答案："作为一名北大国发院的平凡学子，我们也要有一颗胸怀天下、心系苍生的大爱之心，不断追求社会进步。"

　　这些思考、这些行动、这些努力，会沉淀下来，会散发出去，以创造财富的名义，彰显公益的光芒。我们每个人的内心都有爱和善，只是藏得很深很深，而一旦它们驻扎在内心深处，就会涌动着热血，带着生命所有的芬芳，勇敢、激情、蓬勃、温暖，融化在每一个看似平凡却又能够彰显出非凡意义的选择中。

云端

朗润园的云千变万化：春天的云，淡淡的，如白居易的"去似朝云无觅处"；夏天的云，厚厚的，如韦应物的"夏云已嵯峨"；秋天的云，云高气爽，如刘禹锡的"晴空一鹤排云上"；冬天的云，绵绵的，如贾岛的"云深不知处"。

万千变化也是"云时代"的基本特征。如何理解"云"，理解已经存在于我们身边的数字世界？在"云"的体验中，你的视野成为一个数字界面，将数字世界与你所熟悉的物理世界合二为一，以人类自身无可企及的洞察力来增强人类的能力，甚至我们将要面对的也许是一个完全不同于自己的"自己"。

互联网、数字技术的出现，使一切都被重新定义，重构价值以及创新价值不断涌现。当我决定在自己的研究中加入"数字化"这一脉络时，尼采给了我方向，他说："若知为何而生，遂可纳受一切。"对我而言，"纳受一切"就是去感知和体验数字技术对组织与个体的影响，从而探寻组织管理创新的价值。

我从 2002 年开始关注信息技术与互联网技术对组织的影响、对商业的影响，开始有了直观的感触。到了 2012 年，一切都清晰起来。首先感受到的是"个体价值"的崛起，也被我称为"强个体"。我们来到了一个"英雄辈出"的时代，创新与创业风起云涌，在个体与技术、资本的组合下，独角兽和新兴创业者的光芒照亮了整个天空。随着数字技术的深入发展，平台型企业出现，强大的组织力量集聚了各种资源、能力和机会，甚

至创造了全新的机会。一时间巨型公司出现，被人们称为"数字巨头"。数字产业化与产业数字化则成为基本趋势，几乎所有行业都被重新定义。

数字世界以一种更普遍的方式渗透到我们的日常生活中，那就是无处不在的"传媒世界"，以及实时在线的"数据世界"。在这里，物理世界的道德、价值观和法律经受着前所未有的挑战，我们生活在一个被戴维·杰勒恩特称为"镜像世界"的世界中，真假、善恶、利他利己，时时都在经受着挑战与检验，人既可能行善，也可能作恶。这一切，都是时代的命题。

作为一个组织管理的研究者，我深知自己的立场。

立场一，关于组织的研究和讨论常常与时代的背景深度关联。"强个体"所带来的能量与动荡，让很多传统企业应接不暇，价值观与组织责任也发生着新的变化。

立场二，影响组织环境的变量非常多，而组织中人的行为更加无法预测，人所具有的能动性和主观性，又使得人可以抗拒很多外在的影响因素，从而按照自己的意愿行动。这一方面意味着领导者可以驾驭环境并超越环境，另一方面意味着领导者的自我管理会面对更大的挑战。

立场三，正是个体与组织之间的动态组合，使得个体和组织都创造了属于自己的价值。这也正是我们关注合作并持续推动组织绩效成长的内在动因。

我的兴趣始终在于组织与合作，关注人在组织中所能释放的价值，以及因合作而产生的组织力量所发挥的巨大作用。当数字技术深刻影响到组织合作之时，探讨与此相关的变化并寻求解决方案，就是我给自己确定的任务。我与几位年轻同事组成了研究团队，决定开始长期的、近距离的观察与跟踪。

我们首先选择了致远互联软件公司进行深度合作，这是一家以"协同工作"为核心的软件开发公司，他们率先运用数字技术为客户提供协同工作解决方案，是国内第一家以"协同工作"为核心价值的软件公司。我们团队与致远研究院共同研究探讨"协同"对组织管理的影响，以及技术赋能带来的变化。我们一起深入客户端，一起观察研究数字行为所带来的各种变化以及由此产生的组织效率与组织绩效的变化，从中探寻与传统组织管理不一样的系统效率。

金蝶集团是数字化转型的坚定践行者，他们不仅仅自我转型，更把赋能客户步入数字化转型之路、"打造数字化战斗力"作为他们的选择，并要求自己成为行业内全面转"云"的引领者。为了更深入地感受数字化对管理的影响，金蝶研究院与我们团队同步展开了有关工作方式、人力资源以及财务管理三个领域的管理创新研究，并探索管理在数字化加速度下的持续价值创新。

为了观察和理解数字技术赋能产业价值提升，我们选择与企业微信合作。我们从研究企业微信的价值理念入手，通过对平台技术的理解，对企业微信赋能的行业、企业做深度调研，慢慢整理出来数字企业赋能产业、实体企业的基本模式，找寻到"价值增值"的四个全新空间，并明确了价值增值的路径。

从协同带来的组织效率，到数字化加速管理价值创新，再到数字技术赋能产业所带来的"价值增值"，这些持续多年的研究，既帮助我们获得了对数字化的全新体验和认识，也帮助我们能够得出数字化背景下，组织价值重构以及组织进化的方式，我们以"协同共生"来呈现组织管理的新逻辑。

正是"共生"的视角，让我们不得不关注数字巨头企业与社会、与未来、与社区的关系，重新界定企业的责任与角色。与腾讯的深度合作，也

是从这个视角展开。我们共同探讨腾讯企业文化3.0版本，以更审慎的视角来看待腾讯的发展、腾讯的责任以及腾讯的内在价值系统。深度调研之后，我们与腾讯核心团队成员一起闭门探讨，提出了"腾讯灵魂之问"。腾讯作为一家已经与人们日常生活息息相关的企业，在认知和价值观上对自己提出过这个要求吗？这就是为什么要叩问腾讯的灵魂。一场长达四个半小时的"务虚会"，终达成共识——科技向善。

以上这些研究还在持续进行，新的问题和新的实践也会层出不穷。我们已经体会到了变化带来的可能性，并因此而驱动新发现，这些新发现所触动的惊喜让我们跃跃欲试并满心欢喜。

在腾讯企业文化3.0实施一周年之际，腾讯集团出品专刊，我为此写了一篇文章，开篇问了三个问题：

一家企业为什么存在？
一家企业在这个世界上的角色是什么？
一个数字技术领导者的角色是什么？

这些问题在一个以技术为驱动社会发展与推动增长的关键因素的环境下，显得尤为重要，一方面影响到每一个人的生活，另一方面重构着整个社会的价值体系。正因为如此，那些作为数字技术领导者的企业在今天必须走上一条内省之路，找到自己对社会独特的价值贡献，找到技术向善的力量，找到技术与商业价值让世界变得更加美好的路径。

就如我问腾讯的三个问题，其实也是问我自己：

我为什么存在？

我们的研究为什么存在？

研究者在这个世界上的角色是什么？

这些问题困扰着我也激励着我，促使我一直研究下去。为了寻求答案，我走上了一条求知和内省之路，希望自己能够承担好在这个世界上的角色，以研究和教育为本，唤醒商业之本——保有生活的意义。

云或许没有疆域，朗润园的云，也是这个世界的云，于万千变化之中与周遭融为一体。

我想，站在承泽园仰望天空中的云时，确信那也是朗润园的云。

致　　谢

确定要搬到承泽园时，我给了自己一个任务，把在朗润园的感受写下来，算是自己与朗润园做一个正式的告别。有了这个想法后，我就开始整理自己的日记，才发现对朗润园既熟悉又陌生，特别担心陌生的部分有误，赶紧向多位老师请教，对不熟悉的部分及时补课。所以，能够把这本《朗润日记》完整地呈现在大家面前，得益于多位老师的帮助。

初稿写好，我先向两位老师请教，一位是姚洋老师，另一位是胡大源老师。姚老师和大源老师帮助我清晰地梳理了国发院的发展历程、朗润园的过去与现在。两位老师帮助纠正了书稿中的一些错漏，补充了一些资料，帮助我以及未来的读者更真实地去感受朗润园的变迁与发展。姚老师还专门为此书作序，这一切都让我受益无穷。

在写作过程中，我向王贤青、曹毅和张彤三位老师请教最多，也从三位老师处得到很多文献资料。初稿完成后，我再请他们帮助检查勘正，三位老师为此付出了很多精力和时间。我很感恩他们的无私帮助。

我要特别感谢曹毅，我在邀请她为本书提供插图时，告诉她"我希望这是一本图文并茂的书"，曹毅便毫无保留地把她多年来拍摄的朗润园和承泽园的美图，按照文稿的内容整理好交给我。当大家拿到这本书时，你们所看到的摄影作品，除了三张图片之外，全部出自曹毅之手。曹毅也是我们公认的国发院摄影大师。

我还要感谢张彤、白尧两位老师对 BiMBA 日常工作所做的文字整理，这些文字给了我很多的联想和帮助。我也在书中呈现了一部分，丰富了全书的内容。

韩文昊、张佳利、曹毅三位老师帮助我认识了承泽园。在搬到承泽园短短的时间里，我在三位老师的帮助下，对古建和古树部分有了初步的认识。曹毅更是为了让我看到承泽园的流苏，专程跑回去拍照发来给我，让我有更直接的感受。

书中有三张图片是于斌、沈成铃两位老师的作品。当知道我在找海棠落满庭院、蜡梅花开的图片时，两位老师找到了自己的摄影作品发过来，正好补足了这两个美的瞬间。

最后，还要感谢华蕾、王芹、佘广和机械工业出版社华章分社，他们依然帮助我编辑、出版此书，让这段已经完成的朗润园日子和刚刚开启的承泽园日子，得以以图文的方式记录和呈现出来。

我更感恩，每一位与我在朗润园、承泽园相遇的你。

陈春花

2021 年 11 月于朗润湖畔